追寻希腊众神的足迹

〔法〕玛丽－特雷斯·戴维森　著

〔法〕丹尼尔·马佳　绘

孙敏　译

人民文学出版社
PEOPLE'S LITERATURE PUBLISHING HOUSE

著作权合同登记：图字 01-2022-3716 号

Sur les traces des Dieux grecs
©Éditions Gallimard Jeunesse 2005
text by Marie-Thérèse Davidson
illustration by Daniel Maja

图书在版编目（CIP）数据

追寻希腊众神的足迹 / (法) 玛丽－特雷斯·戴维森著；(法) 丹尼尔·马佳
绘；孙敏译. —北京：人民文学出版社，2017（2023.1 重印）
　（历史的足迹）
　ISBN 978-7-02-012608-8

　Ⅰ . ①追…　Ⅱ . ①玛… ②丹… ③孙…　Ⅲ .①古希腊 – 历史 – 儿童读物
Ⅳ . ① K125–49

中国版本图书馆 CIP 数据核字（2017）第 068829 号

责任编辑　朱卫净　王皎娇
书籍装帧　高静芳

出版发行　人民文学出版社
社　　址　北京市朝内大街 166 号
邮政编码　100705

印　　制　上海盛通时代印刷有限公司
经　　销　全国新华书店等

字　　数　61 千字
开　　本　889 毫米 ×1194 毫米　1/32
印　　张　3.625
版　　次　2017 年 10 月北京第 1 版
印　　次　2023 年 1 月第 4 次印刷

书　　号　978-7-02-012608-8
定　　价　49.00 元

如有印装质量问题，请与本社图书销售中心调换。电话：010–65233595

追寻希腊众神的足迹

献给克洛德·莫瑟与西蒙娜·塔耶尔

是他们引领我进入神奇的希腊世界。

——玛丽－特雷斯

目　录

神与英雄

阿喀琉斯	伊阿宋
阿芙洛狄忒	美杜莎
阿波罗	缪斯
阿瑞斯	涅瑞伊得斯
阿尔忒弥斯	俄刻阿诺斯
雅典娜	俄耳甫斯
刻耳柏洛斯	乌拉诺斯
克洛诺斯	潘多拉
库克罗普斯	帕里斯
德墨忒尔	珀尔修斯
狄俄尼索斯	珀耳塞福涅
厄洛斯	波塞冬
盖亚	普罗米修斯
哈迪斯	瑞亚
海伦	斯提克斯河
赫淮斯托斯	忒提斯
赫拉	尤利西斯
赫拉克勒斯	宙斯
赫尔墨斯	

西西里岛 ● 埃特

色雷斯

奥林匹斯山 ▲

色萨利

利姆诺斯

特洛伊

德尔斐神庙

维奥蒂亚

伊萨卡

▲

帕尔纳斯

忒拜

阿尔迪亚

科林斯

雅典

伯罗奔尼撒半岛

阿尔戈斯

皮洛斯

斯巴达

提洛岛

纳克索斯岛

高加索

科尔喀斯

基西拉

克里特

博斯普鲁斯海峡

特洛阿德

弗里吉亚

希腊

叙利亚

塞浦路斯

腓尼基

赛达

克里特岛

地中海

法罗斯岛

尼罗河

埃及

世界之初

最初，世界一片虚无，只有无边无际的混沌，直到有一天……

有一天（姑且这么说吧，因为那时还没有白天与黑夜呢），从巨大的虚无中生出大地——盖亚。她慢慢（也许是一口气，谁知道呢？那会儿又没有其他人）生长，向四周伸展，越来越厚，越来越坚实，终于，她长大了。

可世界上只有她一个，实在太孤独了。她就独自生出了山脉乌瑞亚、海洋蓬托斯和天空乌拉诺斯。同时，混沌中长出了爱神厄洛斯——最美、最温柔也最霸道的神。繁星闪烁的天空看起来真美，盖亚被深深迷住，不可自拔。她满怀爱意，让天空乌拉诺斯变得和她一样宽广、辽阔，紧紧伏在自己身上。这样，宇宙间出现了第一对夫妻。

乌拉诺斯深情地爱抚盖亚，两人生下很多孩子，世上就有了父亲与母亲。

与此同时，混沌卡俄斯生出了最黑暗的神：黑暗厄瑞波斯与黑夜尼克斯。黑夜又先后生出白昼赫墨拉、太空埃忒耳、死亡塔纳托斯、睡眠修普洛斯以及与睡眠相伴的梦俄尼里伊。

天空与大地的第一代孩子中有六个男神和六个女神，我们称之为提坦神。除十二提坦神之外，还有其他体型巨大、力量惊人的怪神。他们是：三个库克罗普斯，库克罗普斯只有一只眼睛，善于操纵霹雳、闪电与雷；三个巨人，拥有可怕的破坏力，长着五十个头和一百只手臂，我们也叫他们百臂巨人。

不过，所有的神都在大地深处，在盖亚的肚子里，还没生出来呢。他们怎么出得来？乌拉诺斯一直伏在盖亚身上制造孩子，连口气都不让她喘，更不会让她把孩子生出来！肚子里挤满孩子，盖亚觉得沉甸甸的，想让他们在外面的世界自由生长……

她尽力游说乌拉诺斯，拼命推开他，可是无济于事，乌拉诺斯只顾满足自己。盖亚越来越看不惯自私的丈夫，无法容忍他的暴行。她想了很久，终于想出一个办法：既然乌拉诺斯爱她爱到不愿意离开，那就一劳永逸，切

掉他的生殖器，断了他的欲望。

盖亚偷偷地在胸口变出质地坚硬、闪着冷光的金属，弄弯、打磨，锻造出一把锋利的刀，这就是世上第一把镰刀。然后，她叫来长期出不来、总在抱怨的孩子们，将计划和盘托出。

"我知道你们被父亲关在我肚子里，受了很多苦，鼓起勇气反抗吧！谁愿意拿着这把镰刀，帮我们摆脱那个失去理智的疯子？"

没人回应。提坦、库克罗普斯和百臂巨人，都不敢向父亲下手，也许是尊重他，也许是惧怕他……一片沉默中，一个声音响起："母亲，我照你说的做，不用忧心……"

说话的是克洛诺斯，最年轻的提坦，也是贪图权力的坏神。他抓起镰刀，瞅准时机，迅速阉割掉父亲，把父亲的生殖器扔到海里。

乌拉诺斯疼痛难忍，从盖亚背上跳起来。此后，他一直待在盖亚上方，与她一样宽广、辽阔，但再也没法碰到她。

从乌拉诺斯伤口中喷出的鲜血落到地上，生出了天空和大地的最后一代孩子。每个孩子都知道自己生于血腥，因此比哥哥姐姐们更可怕，他们是：厄里倪厄斯、巨人族和墨利阿得斯。厄里倪厄斯总是跟在杀人者（特别是杀害亲眷的人）后面，永无休止地折磨凶手，逼得他们发疯；巨人族上顶着天，下身拖着蛇一样的尾巴，好战成性，为所欲为。至于墨利阿得斯，住在梣树林里（一种用来做长矛与长枪的树），生来好战、嗜杀。

幸好，乌拉诺斯还有个小女儿。他的生殖器掉落大海时，血与大海的泡沫融合，生出绝代女神——阿芙洛狄忒。爱神厄洛斯一直和她形影不离。

这之后，乌拉诺斯就被打发到远离大地的地方。

狡诈的克洛诺斯在其他提坦神的帮助下登上神王之位，只有哥哥洋流俄刻阿诺斯不愿与他为伍，恭敬地环绕大地之母，孝顺母亲。大部分提坦神都和自己的姐妹结为夫妻，克洛诺斯娶了姐姐瑞亚。

克洛诺斯上位后做的第一件事就是释放库克罗普斯和百臂巨人。事后，他又担心力量过人的弟弟们篡权夺位，再次把弟弟们关到大地最深处——**塔尔塔罗斯**。

克洛诺斯面临的威胁还不止于此。

塔尔塔罗斯：大地最深处，有时被视为大地的一部分，有时被视为与大地相邻。后来成为地狱最可怕的地方。

全知的地母盖亚预言：他其中一个儿子将来会废黜他，并取而代之。

为了保住王位，克洛诺斯不惜一切代价，他决定吞下瑞亚生的所有孩子。还有比这更保险的手段吗？

瑞亚刚生完长女，还来不及看一眼孩子，就被克洛诺斯一把夺过去吞进肚子里了。一次，两次，三次……丈夫丧心病狂的行为，让她越来越难以承受。当她发现自己第六次怀孕时，决心无论如何也要保住这个孩子的命。

地母和她同病相怜，答应帮助她。正愁找不到机会报复克洛诺斯的父亲天空也承诺帮忙。

等到孩子要出生时，天空和大地借助黑夜之力将瑞亚送往克里特岛，将她藏在伊达山深处一个无人知晓的洞穴里，在那儿瑞亚生下了最小的儿子——宙斯。瑞亚将儿子托付给盖亚，自己则迅速回到丈夫身边，一言不发，将一块大石头送到他嘴边。克洛诺斯不疑有他，将石头一口吞下。

地母的预言要实现了。

希腊众神的故事始于宇宙起源，即世界的诞生与演化。这种宇宙起源帮助原始人类形成对世界的认识。

希罗多德时期的世界　　　　　　　　巨蛇星座

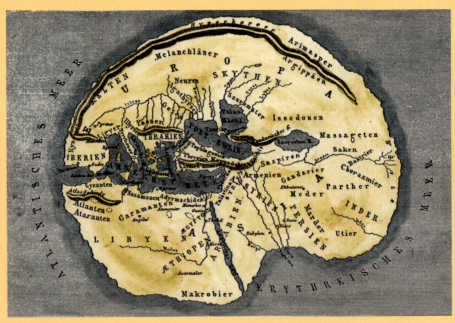

希罗多德时期的世界

公元前五世纪，希罗多德在《历史》一书中记载了当时人们所认识的世界。从他的叙述中，我们可以知道最早的世界接近圆形，四面环海。

"盖亚让天空乌拉诺斯变得和她一样宽广、辽阔，紧紧伏在自己身上。"

大地与天空

在希腊人看来，陆地基本是对称的，环绕着河流与地中海。俄刻阿诺斯呢，是一条完全环绕圆形平地的大河。天上的星座就是不朽的英雄。

风景

自然界的一切都解释为神的存在。世界形成之初就出现了山，众神间的战争弄得群山惊慌失措，地势才高低起伏。

河流与森林

住在河流里的是男神，住在小溪、山泉与树林里的是年轻的女神，我们称为水中宁芙（那伊阿得斯）与林中宁芙（德律阿得斯）。梣树因枝干笔直、木质坚硬，可用来制作长矛，享有特殊地位，居于其中的墨利阿得斯，是最年长的宁芙。

火山

看似拥有生命活力的一切自然物中都住着神灵。活火山来自于神的大熔炉，里面囚禁着可怕的巨怪，他们一动就会引发火山喷发。

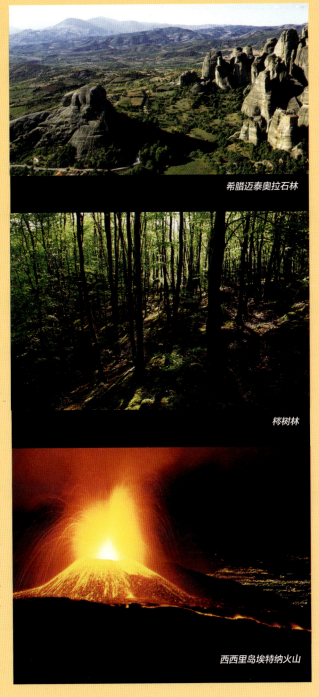

希腊迈泰奥拉石林

梣树林

西西里岛埃特纳火山

宙斯的战斗

宙斯活下来了，不过离他长大成人还远着呢！

这期间，世界上出现了大地、黑夜、提坦等诸神的后代。**宁芙**阿玛尔忒亚负责保护宙斯。她听从盖亚的建议，把尚在襁褓的小宙斯挂在洞穴深处的一棵大树上，这样宙斯不在空中，不在地上，也不在海里。就算克洛诺斯起疑，询问众神灵，也无从知晓宙斯的行踪。

宁芙：自然界中最小的神灵之一。

阿玛尔忒亚还带来一头巨大的山羊，喂养小宙斯。小宙斯太能吃了，幸好山羊够壮，羊奶够多。看起来粗野丑陋的山羊对待小宙斯异常温柔，可惜小宙斯没有好好回报它。

一次，和山羊玩耍时，他用力过猛，折断了山羊的一只角。事后，他羞愧地把折下的羊角变作神奇的"丰饶之角"，交给阿玛尔忒亚，里面盛满了宁芙想要的一切水果。山羊死后，宙斯又用它的皮做出了不可战胜的神盾。

另外，要遮掩小宙斯哇哇的啼叫声，就得制造出更大的噪声。于是，地母生出了全副武装的保护神枯瑞忒斯。他们有节奏地用长矛击打盾牌，日夜不停地唱战歌、跳战舞。在这喧嚣声中，小宙斯可以尽情叫喊，完全不必担心被发现！

就这样，带着大地与天空的希望，小宙斯慢慢长大了。

成年的宙斯决心对抗克洛诺斯，他向俄刻阿诺斯之女智慧女神墨提斯寻求帮助。墨提斯送给他一瓶催吐剂，瑞亚找准时机让克洛诺斯喝了下去。克洛诺斯喝完剧烈地抽搐，先是吐出代替宙斯被吞的大石头，然后接二连三吐出儿子波塞冬、哈迪斯和女儿赫拉、德墨忒尔、赫斯提亚。这下，宙斯再也不是单枪匹马作战了！

对付克洛诺斯，光靠他们远远不够。克洛诺斯身边聚集着和他一样强大的提坦兄弟，远胜过自己的下一代。他们住在奥特律斯山上，严阵以待。

面对强大的对手，宙斯先用神盾武装自己，然后与兄弟姐妹结盟，接着创造出新的生来就与他同一战线的神。宙斯把营地建在希腊最高的奥林匹斯山上，山上众神因此被称为奥林匹亚神。

宙斯的阵营里不断有意想不到的神加入，比如提坦伊阿佩托斯之子、睿智过人的普罗米修斯，还有冥界之河斯提克斯和她的两个孩子。斯提克斯的孩子贴身保护宙斯，终生追随他左右。为了表达谢意，宙斯让斯提克斯监管**誓言**，谁违背誓言就要受到惩罚，被关进塔尔塔罗斯深处十年——天上的十年。天上一年相当于人间一千年！

誓言：起誓。斯提克斯的职责是保证所有人不得违背誓言。

交战双方都拼尽全力击垮对手，战争持续了十年（天上的十年）。

宙斯突然想到可以求助祖母盖亚，他请盖亚伸出援手："地母，帮帮我！你无所不知，自然知道我父亲克洛诺斯的暴行。他残害父亲、吞食孩子，为达目的不择手段。请你帮我打败这个暴君。我发誓，取代他之后，一定尽我所能，建立起井然有序、正义合理的统治。"

"宙斯，我相信你会遵守诺言。听我说，你得去找那些不在提坦阵营的提坦的父母。"

宙斯很快领悟大地所说的"父母"是谁。塔尔塔罗斯深处，盖亚的脏腑里，还关押着独眼巨人和百臂巨人。宙斯解救他们出来，并承诺永远和他们结盟。为表诚意，宙斯让他们享用神山上可得到永生的美酒与美食。

独眼巨人为克洛诺斯的儿子们配备强大的武器：给

三叉戟: 有三齿的鱼叉。 宙斯的是雷、电、霹雳；给波塞冬的是
三叉戟；给哈迪斯的是隐形头盔。百臂巨人的加入则提
升了宙斯阵营的战斗力。

战火重燃。波塞冬手持三叉戟，摇撼大地，令山上
的提坦神东摇西倒；哈迪斯戴上隐形头盔，闯入敌营自
背后偷袭；宙斯放出闪电，山峰轰然倒塌，森林付之一
炬，世界瞬间沦为废墟。大地不堪重负；海上风起云涌；
天空雷声隆隆。轮到百臂巨人出战了。他们抡起散落在
地的巨石，投向敌人——每投一次就是三百块巨石！庞
大的石堆将提坦神压得动弹不得。这下，抓住他们，关

押到阴森森的塔尔塔罗斯就行了。

从此，提坦众神远离大地与天空。如果我们自高空扔下一块**铁砧**，得过九天九夜才落地，再过九天九夜才落到塔尔塔罗斯。波塞冬还专门修起一面巨大的围墙，防止提坦神逃走。

铁砧：非常重的铁块，铁匠常常在上面锻造金属。

百臂巨人因宙斯赐下永生的酒食，自告奋勇，负起看守的责任。

你们可能觉得从此天下太平了吧。并没有！脾气古怪、偏爱巨怪的盖亚出来搅局了，她不满孩子们被关进地狱，怂恿嗜血成性的儿子——人首蛇身的巨人对抗宙

斯。这场战争旷日持久，更为艰险。不过，奥林匹亚神还是获得了最后的胜利。

盖亚又出现了，她与塔尔塔罗斯结合，生出有史以来最大、最恐怖的孩子：提丰。提丰出生时，大地深处剧烈震动，就连提坦神都感觉到囚牢四周的墙在晃。他身巨如山，手臂粗大，有一百个蛇头，獠牙嘶嘶作响，能喷出黑色的毒液。口中发出致命的噪声，如同人声、风声、鸟叫声、狮吼声和公牛的咆哮声同时响起，刺耳难听。

宙斯迅速武装起来，扬起雷、电、霹雳，把闪着烈焰光芒的武器**掷**向提丰。一百道闪电灼烧着   **掷：** 把标枪、箭投出去。
提丰的一百个头。大地处处都是火，一直
蔓延到塔尔塔罗斯。大海也沸腾了，整个世界差点毁灭。

宙斯还不断挥舞着霹雳，要把对手打下洞门大开的塔尔塔罗斯深处。

在洞门关上之前，提丰抓住机会造出飓风，催动狂风暴雨，在海上与大地肆虐，置人于死地。别把这些险恶的风与温柔拂过海面的风神（西风泽费罗斯）混为一谈。

最终，大地重归和平。宙斯和他的两位兄长共治天下。宙斯成为众神之王，独掌天空，被尊为天父。

最初的世界由神与巨怪之战拉开序幕，这预示着蛮荒时代的结束，新的文明将要来临。希腊人发挥想象，由此出发，进行艺术创作。

波吕斐摩斯，最有名的独眼巨人。他残忍地吃掉了尤利西斯的同伴。尤利西斯戳瞎他的眼睛才得以逃脱。

巨怪

他们的特点是头身不一致：有的是人头蛇身（如巨人族），有的是人身牛头（如米洛陶洛斯），有的是狮身人面（如斯芬克斯）……大多数巨怪来自危险的自然现象，身体越奇怪，能力越强。通常是大地与大海（两种人类不能掌控、隐匿着危险的力量）

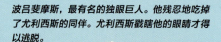

巨人族与奥林匹亚神的战争

库克罗普斯

独眼巨人。第一代是大地与天空之子，分别叫雷、电、霹雳。这些自然力量后来为宙斯所有，助他成为众神之王。剩下的一部分用来帮赫淮斯托斯锻造工具。

彩虹

奥林匹亚诸神

对希腊人来说，文明就是秩序与美。已出现的残酷与丑恶虽然不会消失，但迟早会得到控制。奥林匹亚神不仅美，而且和谐。

宙斯

天空之神，鹰是他的象征，身披彩虹的女神伊利斯是他的信使。

"最终，大地重归和平，宙斯和他的兄弟们共治天下。"

众神的聚会

鹰

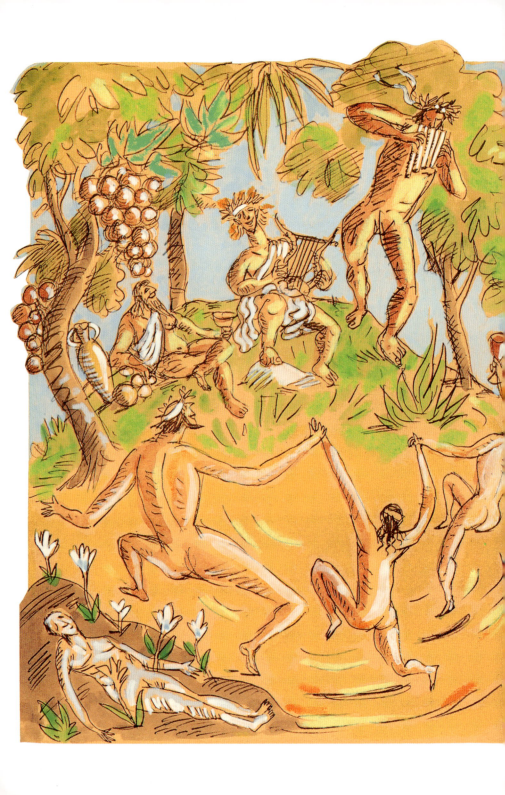

普罗米修斯与人类

　　在克洛诺斯统治期间就有了人类。他们从哪儿来，是谁创造的，我们不得而知。唯一确定的是，他们出自万物之母——大地。那时的人类与神没什么区别，青春常驻，没有饥饿、疾病与痛苦，也远离疲惫与悲惨。他们不需要工作，食用大地产出的果实就够了。他们与神相伴，每天宴饮作乐。唯一不同的是，他们会死。所以我们把人类叫做"必死的"，把神叫做"不死的"。不过，死亡并不痛苦：寿命将终时，他们沉沉入睡，安静地离去。这一代人我们叫做"黄金人类"，这个时代我们称作"黄金时代"。

　　克洛诺斯之后，黄金人类消失，取而代之的是越来越愚蠢、越来越不幸的三个世代：白银、青铜与黑铁。

　　随后，人类开始反抗众神。他们认为众神索取的**祭品**太多了，拒绝献祭。众神发怒，准备降下重罚。伊阿佩托斯之子普罗米修斯负责调解这次纷争，他见人类弱小无力，生出恻隐之心，

祭品：出于尊敬，宰杀后献给神的动物。

提出重新规定人与神各自享有的份额。双方同意，均发誓唯宙斯之命是从。

　　普罗米修斯献出一头牛，将祭品分成两堆。一堆全是骨头，但用白花花的油脂包着；另一堆全是肉，但上面盖着牛肚子，看起来很恶心。他让至高无上的宙斯选择属于神的那堆。宙斯可能看穿了普罗米修斯的计谋，但他装作毫不知情，选了看起来美味无比的第一堆。等他揭开油脂，看到里面只有剔光肉的骨头时，勃然大怒。这意味着从此以后神只能接受祭坛上烟熏火燎的动物油脂与骨头，而人类却可以煮食味道鲜美的肉。

　　宙斯怒不可遏，决定报复普罗米修斯与人类。他放出闪电，烧光森林，让人类陷入绝境：没有火煮熟食物，也没有火抵御寒冷和黑暗。但普罗米修斯没有放弃人类，他偷偷靠近天上的火源，点燃手中的树枝，将火传给人类。

　　宙斯看到大地重现火光，越发恼怒。该怎么报复这些不自量力的人类呢？

　　他召集山上的众神，命令匠神赫淮斯托斯用湿土造出一个人，一个像女神般优雅动人的少女！雅典娜为她穿上绣花的长裙，戴上华贵的饰品；阿芙洛狄忒赋予她无上的美貌与魅力；信使赫尔墨斯让她用甜蜜的声音说

出动人的谎言。这个少女叫做"**潘多拉**"。于是，大地上有了女人。

潘多拉： 在希腊文中的意思是"得到一切馈赠的人"。

赫尔墨斯得到宙斯的授意，把潘多拉带到普罗米修斯的哥哥厄庇墨透斯面前。厄庇墨透斯比他兄弟笨多了！普罗米修斯让他提防不怀好意的奥林匹亚神，可他见到貌美的潘多拉，立刻神魂颠倒，完全忘记普罗米修斯的警告，娶潘多拉为妻。潘多拉带来众神送的新婚礼物——一个雕着漂亮图案的盒子。普罗米修斯严令禁止厄庇墨透斯打开盒子，可他忘了还有潘多拉！厄庇墨透斯拿起盒子一看再看，还是不敢打开。潘多拉听见一道道声音在召唤，最终好奇心战胜一切，她相信自己能瞒过丈夫（她不敢让丈夫知道），打开了盒子！

她没这么做就好了！她听到的声音是痛苦与不幸！疾病、悲伤、痛苦、罪恶统统从盒子里飞了出来！潘多拉害怕极了，赶快关上盒子，可惜为时已晚！不幸在大地蔓延开来，人间一片哀叫声与哭泣声。事已至此，再后悔也没用了。这时，盒子里传出细细的声响。潘多拉想，反正大错铸成，再错一次也无所谓，就又打开了盒子。

她总算做对了一次！关在盒底的是希望。希望飞出来后，走遍人间，给不幸的人们以安慰……

这是宙斯对人类的报复。他对普罗米修斯的报复更加残酷。他将普罗米修斯锁在高加索山上，派一只秃鹰每日啄食他的肝脏，被吃掉的肝脏每天晚上会再长出来。普罗米修斯就这样日复一日承受着永无休止的折磨。

幸好，有一天，赫拉克勒斯为了完成**十二项任务**之一，路过高加索，一箭射死秃鹰，斩断锁链，解救了受苦的普罗米修斯。宙斯对着冥河发誓，只要普罗米修斯不再和他作对就释放他。足智多谋的普罗米修斯想出一条**妙计**：他把高加索山上的石头变成铁环，戴在手上，铁环的另一端系在锁链上。

之后（普罗米修斯和厄庇墨透斯都有了孩子），人类越来越暴力、**渎神**，宙斯和众神一致决定消灭人类，他原想投射闪电，以大火焚烧大地，又担心火势太大，波及天空和整个宇宙，就改为天降暴雨，用洪水淹没所有平原与高山。

十二项任务：赫拉克勒斯必须接受的考验。

妙计：为了避免尴尬的局面使出的迂回策略。

渎神：对神不恭敬。

预知未来的普罗米修斯向生活在人间的儿子丢卡利翁示警，让他立刻带妻子皮拉（厄庇墨透斯与潘多拉的女儿）避难。丢卡利翁造出一个大箱子，洪水来时和妻子躲在里面。箱子在水上漂流了九天九夜。第十天,宙斯见人类已经消失,便停止降雨。洪水退去时,箱子正好漂到帕尔纳斯山上。夫妻俩钻出箱子一看,四周一片荒芜,眼泪禁不住流了下来。妻子对丈夫说:"亲爱的,是不是只剩下我们还活着?我们该怎么办啊?"

宙斯听到对话,答应实现他们的一个愿望。

丢卡利翁祈求得到同伴。

宙斯答道:"把你们母亲的骨头扔到背后,愿望就会成真。"

这对可怜的夫妻面面相觑,被残酷的神谕吓住了。过了好久,丢卡利翁恍然大悟:"我们的母亲不就是大地吗?她的骨头就是石头!"

他捡起石头,一块一块往背后扔去。石头一碰到地面,就变软了,逐渐长高,成形,变成人。皮拉见到,也照做。皮拉扔出去的石头变成了女人,丢卡利翁扔出去的石头变成了男人。

新的人类,也就是我们,诞生了。

神与人是截然不同的，他们之间的关系有严格的规定。人类的生活依靠神，必须祈祷神的庇佑。古希腊的宗教不是个人的，而是社会化的：它没有所谓的个人信仰或道德良知，而是遵循宗教仪式。

雅典卫城

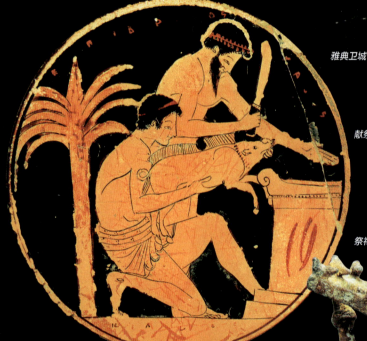
献祭猪肉

祭祀用锤

血祭

古希腊宗教的核心祭祀方式。该仪式现场宰杀牲畜，再分出神与人各自享用的份额。牲畜必须是家养、无缺陷的。献祭的神不同，牲畜也不同。首先将献祭的牲畜放置在祭台上，然后以锤子或斧头敲打致死。祭品的头或朝向天空（献祭给天上的神），或垂向地面（献祭给地狱之神或死神）。

卫城

神庙是祭神之地。在雅典卫城，最重要的神庙是帕特农（供奉雅典娜女神）。神庙四周环绕着其他建筑，供奉雅典娜或其他众神、英雄。

祭品

除了牲畜外，也包括水果、谷物、糕点。浇祭则将液体倒在地上、祭台上，或浇在祭品身上。献祭的同时祈祷。

"人们认为众神索取的祭品太多了，拒绝献祭。"

浇祭

献祭场景

分配

祭品切分完毕后，骨骼与脂肪抛进火堆，浇上葡萄酒：这是神享用的部分。肉一部分穿在铁钎上烤熟，一部分放在锅中煮熟，由参加祭祀的众人分食。

宙斯的罗曼史

主宰世界的宙斯也有享受爱情的权利。他最初与大洋神的女儿、聪慧女神墨提斯在一起。女神很快怀孕了。有祖父和父亲的前车之鉴，宙斯不想失去来之不易的权力，他是否要提防即将出世的儿子？他请无所不知的祖母大地解惑。

大地告诉他："当然要提防，如果墨提斯生出的是儿子，他将取代你的地位。"

该怎么做才能逃开命运的威胁？宙斯效仿父亲克洛诺斯，吞下了自己的伴侣。自此，墨提斯的谨慎、聪慧、机智为宙斯所有。他在统治众神与人类时再没犯过错。墨提斯怀着的孩子在宙斯体内长大，由宙斯带到世间：她就是雅典娜，最伟大的女神，也是宙斯最喜欢的女儿。

墨提斯之后，宙斯又和正义女神忒弥斯结合，生下了命运三女神。她们掌管每个人的生命之线，负责把幸福与不幸织在一起：长女负责纺线，次女决定长短，最小的女儿则切断生命线，令人死去。为了维护既有的秩序，就连宙斯也不能违抗她们的安排，哪怕将死之人是他的挚爱。

再后来，宙斯娶赫拉为妻。赫拉成为奥林匹斯山上的天后，他们的婚礼盛大无比。

宙斯与赫拉生下的孩子有阿瑞斯、赫淮斯托斯、厄勒梯亚与赫伯。青春女神赫伯负责为奥林匹亚神斟酒。厄勒梯亚与赫拉一道帮助孕妇分娩。赫拉是女人与夫妇的保护神，主宰婚姻与生育。

可惜，她自己是个不幸的妻子。宙斯婚后还是到处寻欢作乐，引诱女神、女精灵与女人。他放荡的行为令

朝三暮四：善变、不忠实。

赫拉妒火中烧，越来越刻薄。她严密监视**朝三暮四**的丈夫，看哪个女神或女人又迷住了丈夫的心，和他生下孩子。一旦发现，她没法

惩罚强大的丈夫，就对丈夫的外遇对象实施恶毒、残酷的报复，就连弱小无力的女人也不能幸免！

宙斯心仪的第一个女人是伊娥公主。伊娥公主的父亲是河神，母亲是赫拉神庙的女祭司。一天，宙斯发现赫拉起了疑心，担心伊娥被报复，就把她变成了一头完美无瑕的小白牛，还一本正经向妻子发誓，他绝没有爱上这头白牛！赫拉要求丈夫把白牛献出来。得逞后，赫拉将白牛关起来，派长着一百只眼睛的阿尔戈斯牢牢看守。阿尔戈斯总是睁五十只眼、闭五十只眼。宙斯完全找不到机会接近伊娥，于是派机智的赫尔墨斯下凡除掉这个碍眼的守卫。赫尔墨斯吹起牧笛，让阿尔戈斯沉沉睡去，然后拿起一块巨大的石头，将他砸死。伊娥自由了，宙斯尽情抚摸白色的伊娥。悲怒交加的赫拉，先是痛惜阿尔戈斯之死，取走他的一百只眼睛，装在孔雀的羽毛上。接着放出一只可怕的牛虻，不断叮咬伊娥，叮得她浑身都是血。不堪忍受的伊娥疯了似的到处逃窜。她跑过大地，越过海洋，在希腊伯罗奔尼撒半岛停下脚步——伊奥尼亚海因她而得名。她一跃跨过分隔欧亚大陆的海峡，这条海峡因此被命名为"博斯普鲁斯海峡"（意为"母牛走过的地方"）。经过长途跋涉，她穿过亚洲，到达埃及，最终在那儿找到栖身之所，并生下腹中藏了很久的儿子——厄帕福斯。厄帕福斯的后代赫赫有名。

宙斯尝到甜头，不断使出变形这一招，逃过妻子的法眼，接近自己钟情的对象。

这次他看中了伊娥的后人、腓尼基赛达的公主欧罗巴。他趁欧罗巴公主与侍女们在海里洗澡时，变作一头漂亮的公牛，慢慢走过去，温驯地低下头，亮出新月状的犄角，跪在公主面前。公主先是吓了一跳，很快就放下防备，伸手抚摸公牛，和它一起玩耍。等公主爬上牛背时，宙斯一跃而起，驮着公主向远方狂奔。欧罗巴紧紧抓住牛角，一路哭喊，宙斯置若罔闻，全力跑向波光粼粼、平静无风的河边。沿途的

风景吸引住公主，她静下心来享受这场神奇的旅行。等到达克里特岛时，公主的芳心已被宙斯俘获，两人在岛上结合。欧罗巴生下三个儿子：米诺斯、拉达曼提斯和萨耳珀冬。长子、次子后来都做了冥界判官。幺子死于特洛伊战争。宙斯的化身——公牛，则被宙斯置于天庭，成为众星座之一。

宙斯变作白天鹅亲近丽达皇后，丽达皇后生下两个蛋，蛋里蹦出一对兄弟和一对姐妹。但那天国王梯达尔也亲近过丽达，卡斯托尔和克吕泰墨斯特拉是他的孩子，只有海伦和波吕克斯是宙斯的孩子。海伦是绝世美女，特洛伊战争就因她而起，无数希腊英雄在这场战争中死去。克吕泰墨斯特拉自己命运多舛，又反过来让身边的人不幸。双胞胎兄弟焦不离孟，感情深厚，连宙斯也没法分开他们。卡斯托尔死后，兄弟俩化作双子星，永远在天边闪耀。

对宙斯来说，没什么事是办不到的。为了追求达那厄，他甚至化成了金雨！达那厄公主被囚禁在一间密室里，密室由最坚硬的青铜打造而成，坚不可摧。为什么呢？公主的父亲——阿尔戈斯国王阿克里西俄斯得到**神谕**，说公主生下的孩子会杀死他。他就把公主关起来，

神谕：神的话语，预言将来或传达神的意愿。

让她连男人都见不到，更别说生孩子了。

这法子很有效，哪个男人能进到密室呢？可惜，还有男神。达那厄的美貌引得宙斯心动。他化作金雨，从屋顶小小的缝隙钻进去，一直钻到达那厄心里。他们的孩子珀尔修斯注定要克服重重危险才能活下来。不过，在宙斯的庇护下，他实现了荣耀的一生。

宙斯还通过惊人的变身，让阿尔克墨涅生下最伟大的**英雄——赫拉克勒斯**。阿尔克墨涅对丈夫安菲特律翁无比忠贞，怎么才能靠近她呢？只有一个办法：变成她最亲近的丈夫！想得到阿尔克墨涅，拥有无敌力量的宙斯不得不变成人的样子……

可能因为这样，赫拉克勒斯成为宙斯最心爱的孩子。而赫拉就恨他入骨，让他承受一个又一个痛苦的折磨，逼得他发疯。再也没有比赫拉克勒斯更不幸的英雄了。不过，他死后，被奥林匹斯上的众神接纳，成为其中一员，还娶了赫拉与宙斯之女赫伯为妻。

宙斯与凡间女子生下的孩子数不胜数，怎么可能一一道尽？

最不能忽略的是神子与神女，他们拥有与父亲一样的荣耀与力量。

英雄：神话人物，半人半神，通常是神与凡间女子的后代，往往具有非凡的力量。

赫拉克勒斯：希腊文意为"赫拉的荣光"。他在赫拉施加的种种磨难中，显示出了自己的力量。

宙斯是力量最强大的神, 在追求爱情上也如此。他的罗曼史与他采用的种种变形,从古典时代至今,一直是艺术家们的创作源泉,吸引无数人聆听、阅读、观赏。

欧罗巴与变成公牛的宙斯

被掳走的欧罗巴

"欧洲"之名就来自这位腓尼基(今黎巴嫩)公主。她也是克里特岛首位国王的母亲。自古典时代起,人们一直在探讨这个传说是否反映了最初的移民问题。

赫尔墨斯杀死阿尔戈斯。阿尔戈斯的一百只眼睛遍布全身。

海伦的出生

阿尔戈斯

怎么画出看守伊娥的阿尔戈斯那一百只眼睛呢?全画在脸上是不可能的!他的名字来自拉丁文"阿古斯",今指"拥有法眼的看守者"。

天鹅之女海伦

这幅雕塑不乏讽刺意味。未来美貌不可方物的海伦刚刚从破壳的蛋里出来(有人说蛋是宙斯放在那儿的,有人说是丽达生出来的),她面目模糊,双眼微张,像刚孵化的小鸡。谁能认出这是海伦呢?

宙斯之鹰

宙斯曾变作自己的象征——鹰，来获取塔利亚与加尼米德的心。加尼米德是特洛伊的美少年，宙斯对他一见倾心，将他带到奥林匹斯山上，让他取代赫拉克勒斯之妻赫伯，做神山的司酒官。

"主宰世界的宙斯也有享受爱情的权利。"

宙斯化身为鹰，带走塔利亚

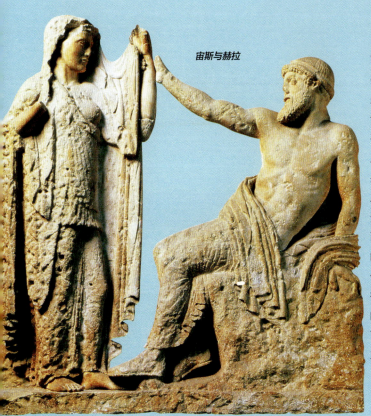

宙斯与赫拉

宙斯与赫拉

在神话故事里，赫拉是被嘲讽的对象，脾气暴躁，嫉妒成性。在宗教里，她有着举足轻重的地位。她的身影总是出现在婚房中：在丈夫面前揭开婚纱。她代表所有面临人生重要时刻的希腊女性。宙斯不仅是天空与雷电之神，也是秩序与正义的守护神：他监管誓言，净化罪恶，庇佑主人与乞丐。

雅典娜与赫拉的儿子们

　　很难想象一母同胞的兄弟阿瑞斯与赫淮斯托斯反差如此之大。

　　阿瑞斯容貌俊美，仪表堂堂，继承了父亲宙斯强大的力量与母亲赫拉狂暴的脾气（每当发现被宙斯欺骗时，他总是暴怒）。阿瑞斯是当之无愧的战神。人类的心神一旦被他控制，就会生出征服的热情与勇气，也不可避免地产生毁灭的冲动与杀戮的欲望。他是嗜血的暴力之神，人类对他既恐惧又崇拜。

　　相比之下，赫淮斯托斯就平庸多了！阿瑞斯与高贵的战士们一道驰骋沙场时，赫淮斯托斯闭门不出做着不起眼的工作：他是锻造之神，负责打造沉重的器具。奥林匹斯山上流言纷纷，众神怀疑他不是宙斯的亲生儿子！他可能是赫拉一个人生出来的……

　　就算他是宙斯的亲生儿子，宙斯待他可一点都不留情！某天，宙斯与赫拉发生争执（他们不止一次在赫拉克勒斯的问题上争吵），赫淮斯托斯不合时宜地上前劝解。众神都知道，宙斯一旦发脾气，有多远走多远，他可是雷电之神！赫淮斯托斯护母心切，一时忘了。宙斯正愁找不到出气筒呢（他不敢对赫拉发泄怒气）！他一脚踹开赫淮斯托斯，抡起来就往外扔，像运动员扔铁饼似的。赫淮斯托斯从奥林匹斯山跌落，在空中翻腾一天，直到晚上才重重地落到利姆诺斯岛上。岛上的居民救醒他，悉心照看，赫淮斯托斯还是跌瘸了腿。

此后，赫淮斯托斯把大部分时间花在铸造工具上。他掌管火，所有的工具，包括人们常用的锤子、斧头、铁砧都是他制造的。有时他看起来有点吓人：一个人在

跛足而行：一瘸一拐地走。

黑暗中**跛足而行**，脸被冲天而起的火光照亮。他的助手是独眼巨怪。他们住在西西里的埃特纳火山中，更接近地底，而非天空。

这位跛脚的神不仅长得难看，还有个出轨的妻子。宙斯想弥补一时失控给儿子带来的伤害，把最美的女神阿芙洛狄忒嫁给了他。可惜，阿芙洛狄忒除了漂亮，还喜新厌旧。她让赫淮斯托斯成为宴饮时众神嘲弄的对象。神对自己人也毫无同情心！

丑陋的赫淮斯托斯造出的东西却精致美丽。金、银、

铜他都运用自如，做成精巧的首饰、绝好的用品、复杂的机械与强大的陷阱。他还擅长让各种物体动起来。众神包括宙斯在内，常常有求于他。

阿瑞斯和赫淮斯托斯虽然很不一样，但拥有一个共同的对手：雅典娜。她像阿瑞斯一样骄傲，像赫淮斯托斯一样聪明，常常胜过这两兄弟。谁让她是聪慧女神之女，是宙斯最爱的神女呢？

宙斯吞下墨提斯后，雅典娜在宙斯体内长大，她是宙斯"生出来"的。一次奇怪的生产！一天，宙斯突然头疼欲裂。他知道雅典娜要出生了，就叫来赫淮斯

托斯，让他拿巨斧敲开自己的头。雅典娜威风凛凛地跳出来，发出一声震天动地的叫喊！她全副武装，身穿铠甲，一手执枪，一手持盾。这位童贞女神所向披靡，阿瑞斯和赫拉也不能阻挡她。当时正值神与巨怪之战，她作战的勇气与随身携带的武器为宙斯增加了强有力的后援。

与作风野蛮、直接的阿瑞斯不同，雅典娜不仅带领战士作战，还引导他们谨慎思考。她为宙斯之子赫拉克勒斯、珀尔修斯以及其他特洛伊城墙下的希腊英雄提供了强有力的保护。英雄们都对她心怀感激。

珀尔修斯要斩杀蛇发女妖美杜莎时，助他渡过难关的就是雅典娜。可怕的美杜莎，谁和她对视就会变成石头。雅典娜以自己光滑的神盾为镜，让珀尔修斯成功躲避美杜莎的目光，斩下她的头。后来，珀尔修斯把藏有美杜莎力量的头献给雅典娜，雅典娜将之固定在盾牌上。这之后，任何敌人只要看一眼女神，就会变成石像。

雅典娜还帮赫拉克勒斯从赫斯珀里得斯看守的苹果园里夺取金苹果。赫拉克勒斯历尽千辛万苦才在极西的大洋海岸拿到这些珍贵的苹果。这是堂兄欧律斯透斯在赫拉指使下令他完成的十二项任务之一。不过，欧律斯透斯也不知道这些金苹果有何用处，便扔回给赫拉克勒斯，赫拉克勒斯就将它们献给了雅典娜。

雅典娜不仅是战争女神，她的双手也很灵巧，完全不亚于赫淮斯托斯：繁重的男人们干的活，留给赫淮斯托斯。她擅长女子的织造之术。所有纺纱、织布、绣花的女人都尊奉她为保护神。不过，不尊重她的女人就得当心了！

年轻的阿拉克涅技巧出众，不满足于做雅典娜的学生。她认为自己织出的布无人匹敌，向雅典娜下战书。女神化作满脸皱纹的老婆婆去见阿拉克涅，劝她谦虚点儿。年轻气盛的阿拉克涅不仅不听劝告，还羞辱了女神。女神一怒之下，接受挑战。不想，阿拉克涅织出一幅无与伦比的布，女神更加愤怒，将她的布撕成一片一片。绝望的阿拉克涅悬梁自尽，但没死：女神要惩罚这个胆敢挑战自己的人，让她变成一只蜘蛛，永远悬在自己吐出的丝上，不停织线。

神对待激怒自己的对象永远是残酷的。他们毫无怜悯之心，对人类更是无情！

手工业活动的分类简单明了：男人继承赫淮斯托斯的技艺，女人则负责雅典娜精细的工作。不过，女神的职能大大超出了这个范围。

雅典娜一向以战斗形象出现。这个雕塑中，她身穿拖地的长裙，行动不便，看起来像在沉思。

希腊战士的武器

武器装备
由花样很美的布、皮革和金属制造而成的武器，是匠人的作品，也是艺术作品。

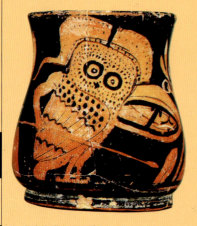

化身为猫头鹰的雅典娜

雅典娜
她的象征是夜间能视物的猫头鹰。雅典娜也是理性之神，哲学家的守护神。雅典城即古希腊智慧的中心。她还是技艺之神，会造战车、战船。载着伊阿宋出海的大船"阿尔戈号"就是她负责建造的。

女人的工作

女人们很少出门，她们承担了所有的家务，包括纺线、织布。那时，布料和衣服都是每家自己做，只有极其珍贵的才在市场上出售。

织羊毛的女人们

> "赫淮斯托斯掌管火，所有工具，包括人们的日常用具都是他制造的。"

冶金

希腊人自公元两千年前开始炼青铜（铜锡合金），公元一千年前开始炼铁。锻造是一项繁重的工作，不过它能做出很多奇妙的东西（武器或雕塑），也具有创造性，因此它是高贵的。

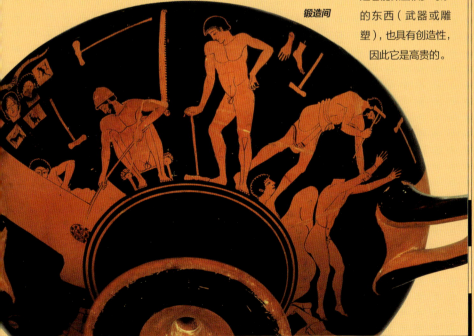

锻造间

阿芙洛狄忒与特洛伊战争

女神比男神更令人生畏，必须顺从她们，尊重她们。赫拉与雅典娜的强悍我们已经见识过了，阿芙洛狄忒有过之而无不及，她的手段更特别。

阿芙洛狄忒生于大海的泡沫之上，喜欢舒适温暖的塞浦路斯岛和西岱岛。不过，她也常常在欲望神、优雅神与**时序女神**的陪伴下到处游玩。自她脚下，爱意生发，钻进人与神的心里，令他们躁动不安，心跳加速，满脸通红。这就是阿芙洛狄忒的力量。所有拒绝向她献祭的人要小心了！

时序女神：代表四季的女神。

费德尔就是活生生的例子，她最后沦为女神残酷报复的工具。费德尔的丈夫忒修斯国王有个儿子，名叫希波吕托斯。他热爱狩猎，崇拜贞洁的狩猎女神阿尔忒弥斯，惹怒阿芙洛狄忒。她精心设计出一个可怕的圈套，惩治希波吕托斯，费德尔是关键。女神让她爱上了自己的继子！受悖伦之爱折磨的费德尔忍不住向希波吕托斯吐露衷情，被惊恐的希波吕托斯拒绝。随后，费德尔向丈夫

诬告继子，称他想强暴自己，国王赐死了儿子。希波吕托斯悲惨收场，女神的心情才好转。至于费德尔，她愧疚自杀，女神却无动于衷。在神的眼中，人类的痛苦无足轻重。

不过，女神会被英俊不凡的男人所吸引。阿芙洛狄忒在人间有一些情人，比如美男子阿多尼斯。阿芙洛狄忒和养大阿多尼斯的冥后共同拥有他：他每年三分之一的时间住在地狱，与冥后一起；剩下的时间则陪伴美神阿芙洛狄忒。可惜，有一天阿多尼斯被野猪咬死了。是

哪位天神嫉妒得发狂放出了野猪？是阿尔忒弥斯还是阿瑞斯？没人知道。阿芙洛狄忒飞奔到爱人身边，泪流不止。阿多尼斯的鲜血染红了身边的玫瑰。红玫瑰就是这么来的。

　　阿芙洛狄忒还有个情人，是特洛伊人安喀塞斯，他们生下了埃涅阿斯。埃涅阿斯一生受女神的引导与保护，建立了**新特洛伊**。

　　女神最爱的天神不是她的丈夫赫淮斯托斯（女神

新特洛伊：罗马人认为埃涅阿斯是罗马建城者的祖先。维吉尔的《埃涅阿斯纪》记载了这一传说。

总是毫不留情地奚落他），而是狂暴嗜血的战神阿瑞斯。他们的爱时有风波：一天早上，赫淮斯托斯意外撞见阿芙洛狄忒与阿瑞斯在一起。痛苦的赫淮斯托斯决心报复，他在床上放了一个金网，网眼结实，牢不可破。偷情的两人被罩住，无计可施。赫淮斯托斯移不动他们，便叫全奥林匹亚神来围观。赶来的众神捧腹大笑，他们在笑什么呢？落入陷阱的猎物，还是被戴绿帽子的猎人？最后，赫淮斯托斯放走了这一对情人。他们跑得无影无踪，好多天羞愧不已，不敢见人……

阿芙洛狄忒与阿瑞斯相爱很久，他们生了不少孩子，包括**厄洛斯、福波斯**和后来的忒拜女王阿尔莫尼。

阿芙洛狄忒也喜欢战争，她引发了**英雄时代**最残酷却也英雄辈出的大战：特洛伊战争。当然，挑起战争的不止她一个。

对战争负有首要责任的是女神**厄里斯**。她走到哪儿，哪儿就争吵不断。神与人都不喜欢她，个个避之不及。因此，忒提斯的婚礼众神忘了邀请她，她留下

厄洛斯、福波斯：神化的爱与恐惧。

英雄时代：神话中，英雄或半神生活的时代。

厄里斯：不和女神。

一个金苹果，上面写着："给最美的女神。"之后的骚乱简直难以形容。每个女神都想得到金苹果，她们拳打脚踢，张牙舞爪，撕扯头发。幸好，至高无上的宙斯在，他竭力维持秩序，让女神们重回座位。不过，有三位女神宙斯也拿她们没办法。嫉妒的妻子赫拉、钟爱的女儿雅典娜和绝世美神阿芙洛狄忒，该把金苹果给谁呢？

　　谨慎的宙斯让信使赫尔墨斯去人间选一个裁判。被选定的人是特洛伊国王普里阿摩斯之子帕里斯。赫尔墨斯驾着会飞的马车，将三位女神带到

特洛亚德： 特洛伊一带。

特洛亚德的伊达山——帕里斯作为祭司居住的地方。赫尔墨斯把金苹果交给帕里斯，让他做出选择。赫拉、雅典娜和阿芙洛狄忒依次从马车上下来，向帕里斯许下诱人的礼物。赫拉让他做欧亚大陆之王，雅典娜则赐他战无不胜的力量，正当他犹豫不决时，阿芙洛狄忒裸身从马车里出来，承诺送给他世上最美的女人。帕里斯心动了，不假思索地把金苹果递给阿芙洛狄忒。

　　世上最美的女人是谁呢？海伦。她是宙斯与丽达之女，由廷达柔斯国王抚养长大。棘手的是，她已经嫁给

斯巴达王墨涅拉奥斯为妻。而且婚前，所有的希腊王都拜会过她。和他们作对，后果是致命的。廷达柔斯在选定女婿前，曾得到他们的承诺：不管海伦选谁为丈夫，日后有难，他们必定全力救助。

帕里斯来到斯巴达，将海伦诱拐至特洛伊。暴怒的墨涅拉奥斯与所有希腊王，在特洛伊城下陈兵布阵。

战争持续了十年！十年间，无数英雄一战成名：有忒提斯之子阿喀琉斯，有墨涅拉奥斯和兄长阿伽门农，有狄俄墨得斯和大埃阿斯，还有全希腊最有智谋的尤利西斯。他们的对手是普里阿摩斯的五十个儿子。其中最英勇睿智的当属赫克托尔，还有阿芙洛狄忒之子埃涅阿斯、宙斯之子萨尔珀东等。

宙斯保持中立，不干涉战争进程，即便萨尔珀东死去，他也未采取任何行动。其他神呢，毫无顾忌地参战了！

阿芙洛狄忒自然站在特洛伊人这边，她要保护心爱的儿子埃涅阿斯。埃涅阿斯最后得以和极少数幸存者一起逃离特洛伊。只是，阿芙洛狄忒并不善战，在战场上被狄俄墨得斯重创。狄俄墨得斯十分勇猛，甚至打伤了与阿芙洛狄忒一起作战的阿瑞斯。特洛伊的保护神还有阿波罗和波塞冬。特洛伊的城墙是阿波罗建造的，他不愿城墙毁于战火，也是他借帕里斯之手杀死了希腊最伟大的战士阿喀琉斯。

最终，特洛伊城被摧毁。这得益于希腊人的英勇，也得益于赫拉与雅典娜的帮助。两位女神都盼望着帕里斯与特洛伊人一败涂地。雅典娜在战斗中无往不胜：这是她施展才华的地方。所有受保护的英雄中，她偏爱狄俄墨得斯、阿喀琉斯和老谋深算的尤利西斯。

还有一些神不时现身帮助希腊人。比如赫淮斯托斯，他应女神忒提斯的要求，为女神的儿子阿喀琉斯打造出一块绝世盾牌。坚硬无比的盾牌上画着各种物体，栩栩如生；还点缀着各色场景，不同颜色的金属交织在一起，熠熠生辉。阿喀琉斯手持盾牌，重返战场，在特洛伊城下杀死了赫克托尔。

令战争结束的不是力量，也不是勇气，而是计谋。希腊人佯装战败，留下一个巨大的木马。木马的肚子是空心的，里面藏着全副武装的士兵。特洛伊人拖着木马进城，木马里的士兵在夜色的掩护下，四处烧、杀、抢、掠。

显然，不仅众神无情，人也一样无情！

特洛伊战争的传说可能源于历史上真正存在过的希腊与亚细亚（今土耳其）之间的战争。后来，古典时代的希腊人将之视为希腊联军首次抗击外敌的战争。特洛伊战争是希腊神话的重要组成部分，因荷马史诗《伊利亚特》与《奥德赛》（公元前八世纪）而千古流传。

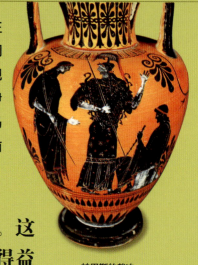

帕里斯的裁决

"最终，特洛伊城被摧毁。这得益于希腊人的英勇，也得益于赫拉与雅典娜的帮助。两位女神都盼望着帕里斯与特洛伊人一败涂地。"

特洛伊战争的起源
有人认为海伦的出生、帕里斯的裁决都是宙斯的安排。目的是挑起一场血腥的战争，减少世上过多的人口。

墨涅拉奥斯与
帕里斯对战

神与英雄
根据《伊利亚特》的叙述，特洛伊战争中的英雄都因对战成名。对战中，他们往往得到神的支持。如这幅画中，阿尔忒弥斯就拿着弓站在似乎要败退的帕里斯身边。

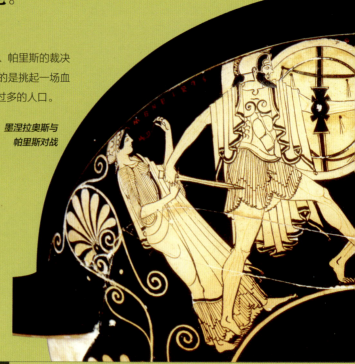

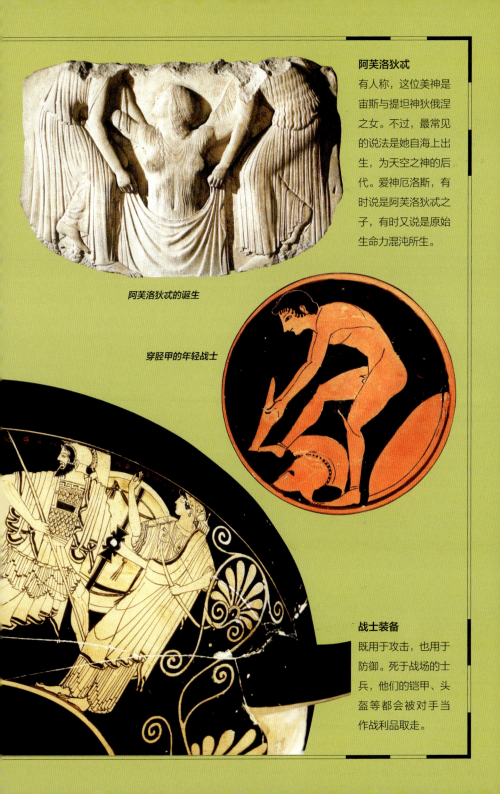

阿芙洛狄忒

有人称,这位美神是宙斯与提坦神狄俄涅之女。不过,最常见的说法是她自海上出生,为天空之神的后代。爱神厄洛斯,有时说是阿芙洛狄忒之子,有时又说是原始生命力混沌所生。

阿芙洛狄忒的诞生

穿胫甲的年轻战士

战士装备

既用于攻击,也用于防御。死于战场的士兵,他们的铠甲、头盔等都会被对手当作战利品取走。

阿波罗之光

　　在宙斯喜欢的女神中，勒托的美貌绝对名列前茅。她身为提坦之女，却无力对抗赫拉。赫拉得知她怀孕，气急败坏，不许任何事物收留她。勒托走遍宇宙都找不到分娩的地方：大地与平原惧怕赫拉，见了她就遁走。历经漂泊，她终于在一个荒芜的小岛——奥提加岛落脚。那里荒草丛生，岩石林立，无依无凭，随海浪漂流。奥提加想反正自己一无所有，惹怒赫拉也无妨。

　　勒托躺在岛上仅有的棕榈树下，雅典娜、阿芙洛狄忒和其他女神们围在身边，随时准备助她一臂之力。当然，赫拉不在，她还把女儿厄勒梯亚留在奥林匹斯山上。没有厄勒梯亚，怎么生产！勒托足足阵痛了九天九夜，也生不出孩子。众女神只好派信使伊利斯给厄勒梯亚送去一条漂亮的琥珀项链。分娩女神被打动，勒托总算生下了一对双胞胎：姐姐是贞洁的狩猎女神阿尔忒弥斯，她出生后，帮助妈妈生下俊美的太阳神阿波罗。七只圣洁的天鹅在小岛上空盘旋了七次，宣告一位伟大的天神诞生。

阿波罗出生后，为回报奥提加岛，将它置于希腊中心，四周围绕着四个高耸入云的柱子，每个柱子都固定在海底。

福珀斯：光明，光辉灿烂之意。

因小岛见证了他**福珀斯**阿波罗的诞生，他就把小岛改名为提洛岛，意为"光明"。

这对双胞胎姐弟志趣相投。他们都拿弓，善射、善战，在与巨怪的战争中起到了不可估量的作用。他们若是射人，人类一定应声而死。阿尔忒弥斯会射杀产妇和鲁莽无能的猎人。阿波罗则更喜欢在战场上作战。此外，

他们的箭还传播疫病：瘟疫是他们中意的惩罚方式。

被他们惩治的人就倒霉了！看看尼俄柏的遭遇……

这位公主因生下六儿六女得意忘形，觉得只生了一儿一女的勒托比不上自己。恼怒的勒托让儿女为她出气。公主的儿女纷纷死在阿波罗和阿尔忒弥斯的箭下。一天之内，尼俄柏失去了十二个孩子。她终日哭泣……但她的眼泪与痛苦没能打动天神。他们把她变成石头，放在西皮洛斯山顶。直到今天，她的双眼仍在流泪，岩石中不断奔涌出泉水。

这对孪生神即便分开行动，怒气也势不可挡。对此，参加特洛伊战争的希腊人深有体会！

希腊人集结船只，启程攻打特洛伊时，众王之王阿伽门农射中一只动作敏捷的雄鹿，事后他居然断言阿尔忒弥斯也不过如此。他为一时的骄横付出了代价：女神要求他献祭自己的长女伊菲革涅亚。否则，海上无风，希腊舰队寸步难行。阿伽门农只得照办……

刚到特洛伊，希腊人又承受了阿波罗的愤怒。特洛伊城附近有座阿波罗神庙，由祭司克律塞斯主持。祭司的女儿意外被俘，成为阿伽门农的女奴（又是阿伽门农！）。祭司想向阿伽门农赎回女儿，被无理拒绝。于是祭司请求阿波罗惩罚这些傲慢的希腊人。阿波罗听到祈祷，射出死亡之箭：瘟疫在希腊军营蔓延开来。在众多将领的威逼下，阿伽门农最终释放了女奴，但心生怨怒。这是另外一个故事了。

两位神的弓上不止一根弦——这句话用来形容阿波罗再合适不过了。阿波罗不仅是伟大的弓箭手，还是**先知**的主人、引导者。这点宙斯也承认。

先知：能预知未来，看破事件本质的人。

阿波罗出生三日后，宙斯就让所有人见识到他的不

凡，将德尔斐神庙赐给他。神庙里记载着提坦神泰美斯古老的神谕。其时，守护神谕的是恶龙皮同，它时常袭扰四邻。阿波罗杀死皮同后，为安抚亡灵，发起一种名为皮托的葬礼**竞技会**，每四年举办一次。接着去希腊北部的色萨利净化杀戮之罪。此后，他独掌神谕，德尔斐也一跃成为希腊最伟大的神庙之一。

为纪念死去的龙，掌管阿波罗神谕的女祭司取名为皮提亚。一个又一个世纪过去，无数国王、英雄、使节来这里询问神意。阿波罗喜欢捉弄人类，他的预言有时晦涩难懂，问询人常常误解。所以，人们也叫阿波罗为"巧曲神"，取"巧言曲意"之意。他有时也很直接，一些英雄曾得到简单明了的信息。比如跛足的科林斯王子俄狄浦斯得到的神谕是"杀父娶母"，阿伽门农之子俄瑞斯忒斯得到的则是"杀死母亲，为父亲报仇"。多惊悚的预言！

阿波罗的祭司不止皮提亚一人。像喀尔喀斯、忒瑞西阿斯和**卡桑德拉**都是出色的预言家。不过，卡桑德拉公主说出的预言没人相信！她是普里阿摩斯的女儿，帕里斯的姐姐，容貌出色。阿波罗为引诱她，教她预言之术。一次

竞技会：一种有奖竞技，用以祭神或祭亡灵。

卡桑德拉：后用来指"不幸的预言者"。

学习中，卡桑德拉鲁莽地拒绝了阿波罗。阿波罗还以颜色，诅咒她说的任何预言都没人理会。特洛伊战争期间，她多次向普里阿摩斯和特洛伊人预言灾祸，可惜被视作疯言疯语。事实上，她说的都应验了！

卡桑德拉并不是唯一拒绝过阿波罗的人。想不到吧？阿波罗高大英俊，一头褐色的鬈发，追求女人却时常碰钉子。他爱上河神的女儿达芙妮，一直在山中追寻她的足迹，达芙妮却一见他就跑。一次，阿波罗差点追上达芙妮，达芙妮大叫起来，让父亲帮她逃走。河神就把女儿变成了月桂树。从此，月桂树成为献给阿波罗的圣树。皮托竞技会中胜出的选手被授予月桂花冠，以示奖励。

皮托竞技会与其他**泛希腊**竞技会不同，除体力与马术外，还有音乐比赛。阿波罗同时是艺术之神，开启诗人与乐师的灵感。

> **泛希腊：**聚集所有希腊人。竞技会期间，全希腊所有的战争必须停止，称为"神圣休战"。

艺术方面，协助阿波罗的是缪斯女神。她们是宙斯与记忆之神谟涅摩叙涅的孩子。宙斯与谟涅摩叙涅相爱九夜，生下九个缪斯。缪斯们常在德尔斐附近的帕尔纳斯山聚会，有时也会在奥林匹斯的宴会中放声高歌。她

们吟唱神与英雄的功绩，讲述天地间的奇闻逸事。她们是宇宙神圣的记忆，向诗人送去动人的诗句。阿波罗则在一旁弹琴助兴，他的里拉琴是小偷赫尔墨斯送的。

　　堂堂神使，宙斯与巨人阿特拉斯之女迈亚所生的赫尔墨斯是小偷？你没听错，赫尔墨斯自出生时就展现出过人的做坏事的天赋。某天深夜，在阿卡迪亚地区西勒涅山的一个山洞里，赫尔墨斯刚出娘胎就跳出摇篮，一路跑到色萨利。阿波罗正在那儿放牧。"放牧"，说起来容易……总之，阿波罗满怀热情放牧，不想小赫尔墨斯闯进来，偷走 12 头奶牛和 200 头小牛。他还特地在每头牛的尾巴上装上树枝，掩盖牛群的踪迹，一直把牛群赶到希腊南部的皮洛斯。在那儿，他宰杀两头牛，分成 12 份，献祭给奥林匹斯山上的十二主神，剩下的则藏了起来。完事后，他迅速跑回西勒涅山。这时天刚亮。他在洞口发现一个龟壳，拿起来掏空，把献祭剩下的牛肠做成七根弦，塞进壳里固定拉紧，手一拨，七弦发出悦耳的声音：里拉琴就这样出现了！然后，略感疲惫的他心满意足地躺回摇篮，甜甜入睡。

很快阿波罗便发现了真相（要不怎么说他是最优秀的神呢？），愤怒地赶到西勒涅山，向迈亚告状。迈亚生气地指给阿波罗看，赫尔墨斯正在摇篮里睡觉，怎么可能跑出去？！正准备回击的阿波罗瞥见一旁放置的里拉琴，立刻忘了发怒，先是拿起来翻看，接着拨动琴弦，天籁般的声音让他沉醉不已。正好赫尔墨斯醒来见到，就将里拉琴送给阿波罗，用来交换偷走的那些牛。两人冰释前嫌。

宙斯见赫尔墨斯如此狡黠、灵活，就封他做神使。头戴帽子、脚踩飞鞋的赫尔墨斯上天入地，无所不在。他是商人的保护神，是旅人的引路者，还指引四处游荡的亡灵进入冥界。

最意想不到的是，他竟然保护……小偷！

与神话中的英雄一样，希腊人行事之前一定要先问神，求得神谕。问神的方式不外乎以下几种：献祭时查看动物的内脏；观察天空飞过的鸟；解梦；请教祭司。

卡桑德拉

她可悲地预见自己的死亡。特洛伊沦陷后，她被阿伽门农带回阿尔戈斯。两人双双死于阿伽门农的妻子克吕泰墨斯特拉之手。

克吕泰墨斯特拉杀死卡桑德拉

"阿波罗令德尔斐一跃成为希腊最伟大的神庙之一。"

宙斯的标志是鹰，阿波罗则是天鹅。

鸟

神物，被视为传达神意的信使。鸟的数目、飞行方向与方式可用来占卜吉凶。

神示

所有不寻常的现象，大到暴雨前轰隆的雷声，小到一声喷嚏，都隐含神意或预示成败。

位于希腊德尔斐的阿波罗神庙

多多纳神庙的橡树

在多多纳，橡树被视为圣物。据称，它们的树叶能传达神谕：祭司们通过树叶的沙沙声揣摩神意。

先知与神庙

第一位预言未来的神是地母。此后，墨提斯、泰美斯、宙斯与阿波罗相继具有这一能力。位于德尔斐的阿波罗神庙香火鼎盛，全希腊的使臣都前来问神、献祭。

橡树

尤利西斯询问先知忒瑞西阿斯。

冥界的问询

《奥德赛》中尤利西斯前往冥界，询问已过世的先知忒瑞西阿斯，他何时能结束漂泊，回到故乡。这种情况下动物的鲜血能招来亡灵，令他们复活一段时间。尤利西斯让忒瑞西阿斯和其他他想求教的朋友们饮下动物之血，不过其他亡灵一律禁止靠近。

狄俄尼索斯的漫游

　　狄俄尼索斯，又名巴克斯，是十二主神之一，亦正亦邪。为什么这么说呢？因为他是最难被认可、崇拜的神。

　　这还得从他的出生说起。和赫拉克勒斯一样，他也是宙斯与凡间女子所生。母亲是忒拜女王阿尔莫尼之女塞墨勒。风闻二人私情的赫拉，怂恿塞墨勒看情人的真身。不明就里的塞墨勒居然真的向宙斯提出要求，宙斯无奈答应。随后，塞墨勒吐露实情，说是赫拉让她这么做的。宙斯竭力说服她改变主意，可她怎么也听不进去。已对冥河发誓的宙斯，不能违背诺言，只好现出原形——伴随闪电的惊雷。可怜的塞墨勒被雷电劈中，全身着火。宙斯连忙抢出她腹中的胎儿，缝在自己的大腿中，让他继续发育，顺便躲开赫拉的迫害。三个月后，狄俄尼索斯出生了。

　　塞墨勒已经过世，得找个人喂养他。于是，宙斯把他托付给塞墨勒的姐姐伊诺。这时赫拉出现了！因妒生恨的赫拉不遗余力地追踪情敌之子，报复伊诺和她的丈夫，让他们嗜血若狂，亲手杀死自己的两个儿子。清醒过来的伊诺抱着儿子的尸首跳海。

狄俄尼索斯又被父亲变作羊羔，送到亚洲中部的尼萨山，由那里的宁芙抚养。宁芙们后来升上天，变作星星，也就是今天的毕星团。

负责教育狄俄尼索斯的是相貌丑陋但智慧过人的牧神潘之子西勒诺斯。和所有的山林神一样，西勒诺斯上半身是人，下半身则是山羊，身后拖着条羊尾巴。他是个酒鬼，大腹便便，行动迟缓，还好女色，爱调戏狄俄尼索斯的女祭司和山中的宁芙。他终生伴随狄俄尼索斯左右，不离不弃。

狄俄尼索斯长大后，发明了两种令人又爱又恨的东西：葡萄树和葡萄酒。葡萄酒能带来轻松与快乐，让人精神愉悦，却也让人轻浮狂妄，胡言乱语。

不过，狄俄尼索斯没法一直待在希腊传授酿酒术。余怒未消的赫拉夺去他的理智，令他漫无目的地游走，穿越埃及与叙利亚，一直走到弗里吉亚。

在那儿，他恢复神智，赢得色雷斯人的尊重。他继续前行，凭借出众的武器与魅力，征服印度。他坐着金

钱豹拉的马车凯旋，马车两旁挂满葡萄藤与常青藤，簇拥在身边的是西勒诺斯、羊人和迈那得斯（也叫做巴克斯的"狂女"，是他的侍从）。迈那得斯跟随狄俄尼索斯四处漫游，常挥舞着**花杖**，敲鼓吹笛，纵情狂欢。

花杖：杖上缠着葡萄树或常青藤的叶子，杖顶系着一个松果。它是狄俄尼索斯的标志。

西勒诺斯的父亲牧神潘也经常和狄俄尼索斯待在一块。他是赫尔墨斯的儿子，不仅下身是羊，头上还长着一对羊角。他生性开朗，脸上常挂着狡黠的笑容，每次跟着父亲参加奥林匹斯山的宴会，都逗得众神哈哈大笑。有其父必有其子，他也像父亲一样发明了乐器：由七根芦苇做成的长笛，也叫做牧神笛。它是牧羊人的乐器：牧神潘正是牧羊人的守护神，他自己也放牧。不过，他并不满足于看管羊群，总是精力旺盛地跑来跑去，跳上跳下，还躲在一旁抓路过的漂亮宁芙。真是个可爱的无赖……正午烈日炎炎时，他就躺在树荫下酣睡。千万别吵醒他！

尽管狄俄尼索斯在亚洲无往不胜，在希腊却时常受挫。总有人坚决反对种植葡萄树，不愿崇拜他。每到这时，他也不吝于施展血腥手段，向世人展示他的威力。

离开印度前，他就弄得拒不臣服的色雷斯国王吕库古精神错乱，误把自己和儿子的腿当作葡萄树砍了下来。此后，狄俄尼索斯声名大震，色雷斯人无不敬畏服从。

　　回母亲的家乡彼俄提亚期间，狄俄尼索斯创立了酒神节。节日里，到处是狂欢游行的女人。女祭司们神情恍惚，在原野奔跑。忒拜国王彭透斯——塞墨勒的姐姐阿高瓦之子，反对酒神节。狄俄尼索斯让阿高瓦与忒拜的女人们在西塞隆山举行秘密祭礼，鼓动彭透斯前来一探究竟。神志不清的狂女们发现他后，蜂拥而上。他的母亲也将他当作野兽一片片撕碎。母亲清醒后，惊恐地逃离忒拜。自此，狄俄尼索斯在忒拜扎下根来。

　　幸好，执迷不悟的人不多，葡萄树的种植以和平的方式推广开来。巴克斯也在纳索斯岛结识克里特国王米诺斯之女阿里阿德涅，过上安定的生活。阿里阿德涅曾帮助忒修斯战胜迷宫里的**米诺陶洛斯**，后被忒修斯无情抛弃。巴克斯设法让她忘掉这段经历，带她回奥林匹斯山厮守。阿里阿德涅死后，巴克斯难以释怀，把送给她的王冠放到

米诺陶洛斯：牛头怪，米诺斯的妻子帕斯菲所生。

天上，于是就有了北冕星座。

　　狄俄尼索斯自己郁郁寡欢，却不让人类沾染悲伤的情绪，让他们高歌起舞。同为灵感之神，他尽力避免与阿波罗冲突。两神各司其职：属于阿波罗的是缪斯

齐特拉琴： 一种柄很长的弦鸣乐器。

女神，是高贵的诗歌，是里拉琴或**齐特拉琴**美妙的吟唱；属于狄俄尼索斯的则是手鼓无拘无束的敲击声，是长笛或双簧随性吹出的动人旋律。

　　还有一种乐器，是雅典娜发明的。她演奏时，见到水中的自己双颊鼓起，很不雅观，就扔在地上走了，没想到被羊人马西亚斯捡到。马西亚斯吹了吹，发觉声音悠扬，很动听，一时头脑发热，决定挑战太阳神阿波罗。阿波罗接受了挑战，不过提出奖品由获胜的人自行决定。结果当然是阿波罗获胜。为显示自身的权威不可动摇，阿波罗把马西亚斯吊在松树上，剥下他的皮。

　　和阿波罗作对真是愚蠢至极！更确切地说，一切挑战神的行为都是自不量力！

对希腊人来说，音乐是最重要的艺术，也是圣哲们唯一设奖的艺术门类。"音乐"一词意为"缪斯女神的艺术"。不过，一定要记住：古希腊的音乐不仅仅是韵律与声音，还包括诗歌，乃至沉思。

九位缪斯

第一位卡利俄珀掌史诗，依蕾托、优忒毗和波利海妮娅掌其他形式的音乐与诗歌，特普斯歌尔掌舞蹈，梅耳珀弥妮和塔利亚分掌悲、喜剧，克利欧掌历史，乌拉妮娅掌天文。对古希腊人来说艺术与科学的界限并不分明。

狄俄尼索斯与阿里阿德涅，附悲剧面具

狄俄尼索斯与悲剧

祭祀狄俄尼索斯时，需组成合唱团高唱颂歌，与合唱团一起表演的先后有一名、两名以至三名演员。悲剧由此诞生，于酒神节时公开表演。

帕尔纳斯山

阅读的缪斯

阿波罗与缪斯

据说，缪斯生于彼俄提亚地区的赫利孔山或色雷斯地区。阿波罗在帕尔纳斯山创立第一座神庙德尔斐后，缪斯就常跟随其左右。最初，缪斯未加区分，在古典时代才分出不同的九位。

狄俄尼索斯

迈那得斯（酒神女祭司）

"狄俄尼索斯长大后，发明了两种令人又爱又恨的东西：葡萄树和葡萄酒。"

里拉琴

里拉琴是声音优美的弦乐器，用于伴奏史诗（讲述英雄的历险故事）。更有个性、更感伤的抒情诗也因它得名。

狄俄尼索斯和他的信徒们

庆祝酒神的队伍在简洁明快的音乐声中欢快地前行。伴奏的乐器较为简单：牧笛与手鼓。信徒中广为人知的就是女祭司和长着羊尾巴的羊人。

羊人

弹里拉琴的艺人

丰饶的大地

宙斯身边，儿女们发挥着重要的作用。不过，也别忘了他的兄弟姐妹们。

瑞亚生下的第一个孩子是聪慧的赫斯提亚，她获准永不离开奥林匹斯山，是纯洁的贞女。她也是灶神，地位尊崇，因为炉灶是家庭不可动摇的中心。

接着金发的德墨忒尔出生，宙斯很喜欢她。两人生下一个女儿珀耳塞福涅。德墨忒尔是农事与丰收的女神，爱看麦子一点点长成金色，在麦田里种下红得如笑脸的虞美人。不过，她最幸福的，还是看漂亮的女儿和阿尔忒弥斯、雅典娜一起漫山遍野奔跑、嬉闹。可有一天……

有一天，人人惧怕的哈迪斯见到珀耳塞福涅，不可自拔地爱上了她。隐形的哈迪斯拥有强大的力量：他是克洛诺斯的第一个儿子，宙斯的兄长，独掌广袤的冥界，在远离奥林匹斯山与人间之处，以至高无上的权威统治所有死去的亡灵。这样的神爱上了温柔可人的珀耳塞福涅！他向宙斯求娶，宙斯答应了他的要求——他似乎完

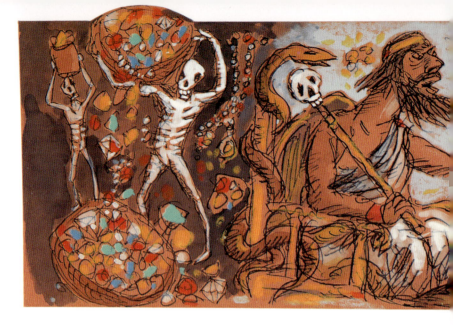

全没考虑过珀耳塞福涅的意愿。雷厉风行的哈迪斯第二天就行动了。他趁德墨忒尔不注意，裂开大地。正在采花的珀耳塞福涅尖叫一声，掉了下去。

德墨忒尔闻声赶来，发现女儿不见了，消失得无影无踪！为寻回女儿，焦急万分的女神走遍大地，整整九天九夜，不吃不喝，也不梳洗打扮，手里还拿着蜡烛照明，不放过每一处阴暗的地方。第十日，她遇到魔法女神赫卡特，赫卡特只看见珀耳塞福涅掉落大地，不知道是谁干的。后来，德墨忒尔从太阳神赫利奥斯口中得知真相，想要回女儿。谁知，哈迪斯和宙斯都不把她的请求当一回事儿。

德墨忒尔一怒之下，离开神山，扬言女儿一日不回来，她就一日不回神山履行自己的职责。

　　她化作老妪，前往**伊洛西斯**，做了王子得摩丰的乳母。她很喜爱王子，想让他得到永生，就每晚偷偷把王子放在火上烤，烤掉他体内的腐朽之物。王子变得越来越有活力。王后很吃惊，想知道乳母做了什么，入夜后躲在一旁偷看，发现儿子竟然被放到**火盆**边，忍不住惊叫一声。德墨忒尔挪开孩子，告知王后自己的真正身份。只可惜王子再也得不到永生了。德墨忒尔对王子一家感情深厚，后来曾重回伊洛西斯居住，受到他们的热情款待。

　　其间，大地上发生了什么呢？

　　德墨忒尔离开后，大地贫瘠，谷物不生，再也没有收成。人和动物找不到东西吃活活饿死，山上的众神也

伊洛西斯：离雅典不远，那儿的人们崇拜地母神德墨忒尔和她的女儿珀耳塞福涅。

火盆：支在三角架上，下面烧炭。

没有祭品享用。宙斯心急如焚，决定把女儿还给德墨忒尔。哈迪斯有难了！

在冥界，哈迪斯为赢得未婚妻的芳心，让她分享自己的财富。他可是富可敌国！地下的一切都归他所有：根、种子，还有金矿和银矿！人们不愿直呼他的名字，就叫他财神普路托。可珀耳塞福涅想离开阴暗的地下，哈迪斯再讨好她也无济于事。在冥界有个古老的法则：任何跳下来的生物，一旦吃下食物，就不能离开。珀耳塞福涅决定绝食。可有一天，最灰暗的一天，她来不及反应就吞下一颗红色的石榴。当时，宙斯来找哈迪斯，让他把珀耳塞福涅还给德墨忒尔，哈迪斯就让她吃下了石榴。怎么做才能皆大欢喜？只有一个办法：折中。一年中珀耳塞福涅回大地和母亲待几个月，其余时间则留在哈迪斯身边，和他一起统治冥界。

德墨忒尔也同意了。不过，珀耳塞福涅在身边时，她们一起让谷物生长，让大地丰收；等珀耳塞福涅回冥界时，她就伤心得什么也不做，任大地一片荒芜。于是有了寒冷、萧索的冬天。

珀耳塞福涅在冥界表现出色，是受人敬爱的王后，与哈迪斯相敬如宾、恩爱甚笃。不过他们一直没有孩子。

他们统治着所有亡灵。人死后，悲伤的灵魂要渡过入口的阿克隆河，才算进入冥界。渡河时，需乘坐灰胡子恶人卡隆划的摆渡船，还得付一**奥波尔**。没钱或死后未举行葬礼的人（如淹死的人或被遗忘的人），得不到安息，不停在岸边呻吟。离开或进入冥界都困难重重：守门的三头犬刻耳柏洛斯，三双眼睛严防死守，巨大的咆哮声吓得人血液凝固。它的背上盘绕着嘶嘶作响的毒蛇，尾巴尖还带着置人于死地的毒刺。

奥波尔：一种希腊的钱币。

　　欧律斯透斯在赫拉的指使下，让赫拉克勒斯完成的十二项任务就包括把地狱三头犬带回人间。赫拉克勒斯先去伊洛西斯，修习入教仪式，参拜两位女神，希望得到指引，找到成功逃离冥界的方法。冥界正是珀耳塞福涅统治的地方，她怎么会不知道！得到指示后，赫拉克勒斯在赫尔墨斯和雅典娜的帮助下进入冥界，正好在门口撞上哈迪斯。哈迪斯拦住赫拉克勒斯，不让他进去。他太不了解赫拉克勒斯了！赫拉克勒斯不但没被吓跑，反而搬起一块巨石，砸晕了哈迪斯。哈迪斯醒来后，同意让赫拉克勒斯带走三头犬，条件是他得赤手空拳：弓、棒都不许用。赫拉克勒斯躲开毒蛇与毒刺的攻击，死死按住三头犬的脖子。三头犬被掐得喘不过气来，只好投降，乖乖跟着赫拉克勒斯去见欧律斯透斯。欧律斯透斯见到它却惊恐万分，跳进

瓮中躲起来。赫拉克勒斯无奈之下，又把三头犬带回冥界，还给哈迪斯。除了他，还有谁能制服三头犬呢？

不过，生前冒险进入冥界的英雄不止赫拉克勒斯一人。最感人的当属俄耳甫斯。他是缪斯女神卡利俄珀的儿子，时常一边弹起里拉琴一边歌唱，歌声悠扬动听。他爱上了住在树上的宁芙欧律狄刻。两人正准备成婚时，欧律狄刻被毒蛇咬死。

悲痛欲绝的俄耳甫斯不能接受爱人死去的现实，决心找回她。他用里拉琴敲开冥界的大门。他的琴声驯服了三头犬，感动了凶恶的摆渡人卡隆，最后打动了冥王冥后的心。两位神生出怜悯之心，让他带走深爱的妻子！不过，哈迪斯提出一个条件：走时，俄耳甫斯在前，欧律狄刻在后。他不能回头看妻子，不能拥抱她，也不能和她说话。俄耳甫满口答应，欢喜地带妻子回家。走着走着，身后始终寂静无声，俄耳甫斯不由怀疑哈迪斯在骗自己。快到出口时，他猛然转身，想确定后面是否有人，却眼睁睁地看着妻子消失，又惊又痛……俄耳甫斯想重回冥界，三头犬不再放行。他有生之年都不可能再去冥界了。

哈迪斯是最可怕的神，凡是被他抓走的人，都不可能回到人间。

凡地上的产出都由冥界之神哈迪斯和丰收女神德墨忒尔共享。他们之间的联系显而易见。珀耳塞福涅，又叫科瑞，既是哈迪斯的妻子，又是德墨忒尔的女儿。因此，希腊的财富来自地上和地下的资源。

奥林匹斯山脚的麦田

珀耳塞福涅与哈迪斯

小麦的种植

希腊是多山国家，以产麦著称。平原地带如伊洛西斯、阿尔卡迪亚和西西里，多种植小麦。希腊人以面包为主食，荷马就称文明人是"吃面包的人"。

科瑞 – 珀耳塞福涅

她坐于冥界的王座上，手持象征丰收的麦穗。"地母神"崇拜将她与德墨忒尔连在一起。特别是在伊洛西斯，人们通过秘密祭礼（一种秘密的宗教崇拜，有特定的入教仪式）参拜两位女神，希望死后得到幸福。

矿场采陶土。

矿场

人们在矿场采陶土或采大理石。陶土用来制作陶器。自公元前两千年起，陶器就远销海外。大理石则用来建造神庙。

矿产

塞浦路斯产铜，雅典、色雷斯产银。希腊矿产丰富，只有铁需要进口。矿石开采出来，被制成金属制品。接下来就是赫淮斯托斯的工作了！

"一天，人人惧怕的哈迪斯见到珀耳塞福涅，不可自拔地爱上了她。"

赫淮斯托斯

采摘橄榄

橄榄树

它提供果实、叶子（奥运会的优胜者都头戴橄榄叶编织的花环）和油。橄榄油不仅可以食用，还可以护理身体。运动员将橄榄油抹在身上、头发上。此外，在橄榄油中滴入花草的汁液，可用来制作香水或乳膏。

波塞冬与危险的大海

波塞冬与哥哥哈迪斯一样，是强大而恐怖的海神。他常驾驶半蛇半马怪拉的马车巡游大海，身边簇拥着无数海仙与海底生物。他最爱的武器是三叉戟。他挥动三叉戟拍击海面，海上波涛汹涌；敲打地面，大地剧烈震颤。

他也和宙斯一样好色，拥有数不清的情人，生了一堆孩子，就是没和妻子安菲特里忒生下孩子！和宙斯不同，他的后代大多长得奇形怪状，生性残暴。尤利西斯自特洛伊**返乡**途中就遇到了他的儿子：食人部落的国王和独眼巨人波吕斐摩斯。波塞冬还是飞马珀加索斯的父亲。珀尔修斯斩下蛇妖美杜莎的头时，从美杜莎的颈部飞出一匹马，它就是珀加索斯。

返乡：尤利西斯花了十年才返回家乡伊萨卡，荷马在《奥德赛》中讲述了他的海上历险。尤利西斯的希腊名为奥德修斯，"奥德赛"就是一部历险记。

武力过人的波塞冬，也并不是事事顺心。他常和别的神抢夺城邦控制权，并次次大获全胜。谁让波塞冬的神力对城中居民更有用呢。到了雅典，波塞冬故技重施，让**卫城**涌出湖水。雅典娜则送给人们珍贵的橄榄树。橄榄树树干是木材，树叶可以遮阴，果实可以榨油。众神裁定雅典娜获胜，雅典因她得名。

即使在凡人那儿，他也时常得不到想要的荣耀。他和阿波罗一起，帮助国王拉俄墨冬建造特洛伊城墙。毫无疑问，二神合力造出的城墙高大坚固，牢不可破。城墙建好后，国王却毫无表示，干脆利落地打发掉他们。为了报复，波塞冬放出海怪，危害特洛伊。海怪后来被赫拉克勒斯杀死。波塞冬却始终无法释怀，一直仇恨特洛伊人。特洛伊战争爆发后，他毫不犹豫地站到希腊人一边。

海里住着很多神。除奥林匹亚神以外，还有上古神——海洋蓬托斯的儿子们（海洋蓬托斯和乌拉诺斯一样，都是盖亚的孩子）。

其中最令人敬重的是白胡子的长者涅柔斯。波塞冬有多暴躁，他就有多慈祥。不仅慈祥，还通晓古今（他也是盖亚的儿子）。英雄和王子们只要有解不开的难题，参不透的秘密，都来询问他。他很厌烦，经常乔装、变身，借以逃脱。别以为他只能变动物，他什么都能变：树、水都行！海里擅长七十二变的除了他，还有普罗透斯。普罗透斯是波塞冬的仆从，在埃及的法罗斯岛附近看管海豹。对付涅柔斯和普罗透斯，只有一个办法：抓住他们，牢牢捏在手中，让他们无力反抗，他们才会现出真身，回答提出的每一个问题。赫拉克勒斯和墨涅拉奥斯就是这么干的，他们也得到了想要的答案。涅柔斯和普罗透斯从不说谎，或许正因为这样，他们更愿意保持沉默！

普罗透斯住在尼罗河口，接近河面。涅柔斯则住在海底宫殿里，陪在身边的是五十个女儿（她们统称为涅瑞伊得斯），或是一百个？总之多如海上的波浪……她

们美貌动人，要么坐在黄金宝座上一边纺纱一边歌唱，要么在海中与海豚、**特里通**嬉戏玩耍。海水清澈时，人们能见到她们。若是仔细看，还会看见她们长长的头发漂浮在肩上。

波塞冬的妻子安菲特里忒就是其中一员。

际遇奇特的还有阿喀琉斯的母亲忒提斯。她生得貌美，宙斯与波塞冬都垂涎她的美色。与宙斯屡次冲突的普罗米修斯为了求和，把关于忒提斯的神谕泄露给宙斯：她生出的儿子比父亲更强大。此言一出，宙斯与波塞冬追求忒提斯的热情瞬间冷却，众神也纷纷止步。谁希望自己的儿子胜过自己呢？于是，忒提斯出乎意料地嫁给了色萨利皮里国国王珀琉斯。

儿子阿喀琉斯出生后，夫妻俩的表现截然不同。忒提斯希望儿子摆脱凡人的命运，把他放在火中烤。珀琉斯无意中撞见，把儿子从火中提了出来：儿子未达到永生，仅仅练就了刀枪不入。而且，他的**脚后跟**才刚开始烤，这儿成为他的致命弱点。后来，帕里斯在阿波罗的帮助下一箭射中他的脚后跟，杀死了他。忒提斯想尽办法让儿子活下来，

特里通：人身鱼尾的海神。

脚后跟：还有一种说法是，忒提斯将儿子倒浸在斯提克斯河中，让他刀枪不入。不过她提着儿子的脚后跟，因此，脚后跟没沾上水。

他却早就选定了自己的命运：不愿平淡到老，宁愿在最美好的年华死去，赢得战士的荣耀，被诗人赞颂。

涅柔斯和兄弟姐妹们的其他孩子，为诗人所熟知的多是丑恶的怪物。

有时他们在天上横行：女头鹰爪的哈耳皮埃，爱抓走孩子和精灵；身带金翼的蛇发女妖美杜莎和她的姐妹们，双眼闪闪发光，谁和她们对视就会变成石像。有时他们在地上作乱：狮头、羊身、蛇尾的喀迈拉口中能喷火；勒拿蛇有六个头，每砍一次都会再长出来，更可怕的是，它的气息与鲜血是致命的毒药；还有三头三身的革律翁和三头犬刻耳柏洛斯。

海上也有很多妖怪，出海的人要面临重重危险。英雄时代广为人知的远征英雄有二：一是伊阿宋和众阿尔戈英雄；一是从特洛伊归来的尤利西斯。他们没人想过远航，也明白大海的威力，深知最勇敢的人也会葬身海底。伊阿宋是不得不前往遥远的东方，去科尔基斯取走金羊毛。他不是自寻死路，和他一起坐上阿尔戈号远行的还有五十位英雄，其中包括赫赫有名的俄耳甫斯、卡斯托尔、波吕克斯和赫拉克勒斯等。至于尤利西斯，则是为了重返家园，与妻儿团聚。不过，波塞冬憎恨他，使出浑身解数让他迷路。

伊阿宋和尤利西斯曾遇到女妖卡律布狄斯和斯库拉。她们守在海峡两边，一个比一个恐怖。卡律布狄斯一日吃三次海水和水中的船只，再吐三次海水和船只的残骸。躲过攻击的船员又把自己送到斯库拉嘴边。斯库拉的双脚牢牢扎在海底，七个身躯浮出水面，一个是女人，其他六个是凶猛的巨狗。船只一靠近，她就张开六张嘴，咬住六个船员吃下去。经过这块地方，不死人是不可能的。

最迷惑人的是缪斯女神梅耳珀弥妮的女儿塞壬。她们半人半鸟，拥有美妙的歌喉，歌唱时，所有人都沉醉其中，只想靠过去倾听。靠近了才发现，她们所在之处，暗礁林立，周围布满撞碎的**船体**和森森

船体：船的水下部分。

白骨。尤利西斯一听到她们的歌声，就让船上的水手把自己绑在桅杆上，躲过一劫。至于阿尔戈英雄，则靠俄耳甫斯全力歌唱才压制住塞壬的诱惑。

这就是大海，善变、迷人，时常作恶。

众神也如此：变化无常，心怀恶意，在我们渺小的人类眼中却魅力四射……

由众多岛屿组成的希腊，**拥有约一万三千公里的海岸线**，与大海关系密切。希腊人很早就开始出海捕鱼，神秘的地中海有时刮起狂风，有时卷起巨浪，都令他们心生敬畏。

"海上也有很多妖怪，出海的人要面临重重危险。"

涅瑞伊得斯悲悼阿喀琉斯

涅瑞伊得斯
温柔美丽的涅瑞伊得斯可能代表粼粼的波光。

尤利西斯和塞壬

船只
靠风帆和桨前行。古典时代的战船有三层桨，桨手分坐三层划桨，大大提高了船速。

塞壬
她们歌唱英雄的事迹，让他们忘记现实并死去——这是最悲惨的死亡方式。因为死于海上意味着被遗忘，不能进入冥界，只能在冥河边徘徊。

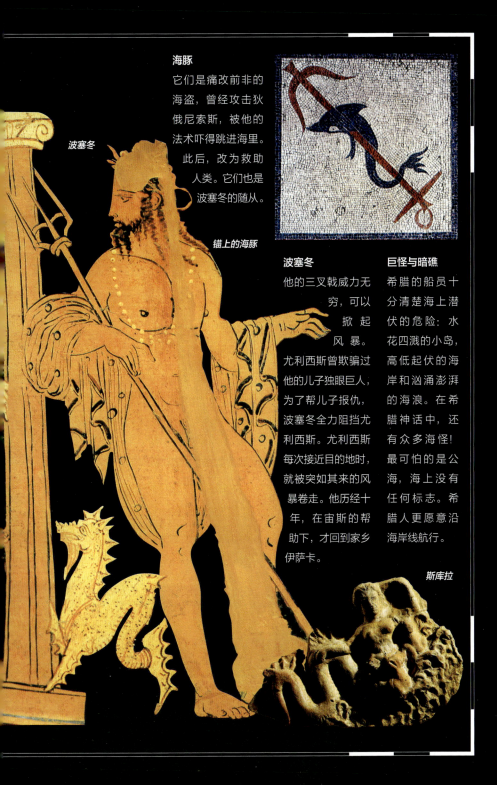

海豚

它们是痛改前非的海盗，曾经攻击狄俄尼索斯，被他的法术吓得跳进海里。此后，改为救助人类。它们也是波塞冬的随从。

波塞冬

锚上的海豚

波塞冬

他的三叉戟威力无穷，可以掀起风暴。尤利西斯曾欺骗过他的儿子独眼巨人，为了帮儿子报仇，波塞冬全力阻挡尤利西斯。尤利西斯每次接近目的地时，就被突如其来的风暴卷走。他历经十年，在宙斯的帮助下，才回到家乡伊萨卡。

巨怪与暗礁

希腊的船员十分清楚海上潜伏的危险：水花四溅的小岛，高低起伏的海岸和汹涌澎湃的海浪。在希腊神话中，还有众多海怪！最可怕的是公海，海上没有任何标志。希腊人更愿意沿海岸线航行。

斯库拉

写作的文学资源

关于希腊众神的作品十分丰富（尽管很多已经散佚），希腊、罗马时期已经出现。

神的诞生：赫西俄德

公元前八至七世纪间，赫西俄德创作长诗《神谱》，讲述诸神的诞生。这也是本书前几章的重要写作来源。赫西俄德在另一首长诗《工作与时日》里，也提到了普罗米修斯、潘多拉与人类。

神的行为：荷马

荷马史诗《伊利亚特》与《奥德赛》可一直追溯到公元前八世纪。史诗讲述了天赋异禀的希腊"英雄"们，如何应对种种难以想象的危险。《伊利亚特》写的是特洛伊战争，《奥德赛》写的是特洛伊战争后尤利西斯返乡的故事。英雄们的传奇经历中总少不了神，他们要么参与行动，要么被讲故事的行吟诗人歌颂……

神与英雄：悲剧

在公元前五世纪的雅典时代，希腊戏剧特别是悲剧非常盛行。悲剧的主题几乎全都与神话有关，表演神与英雄的故事。最伟大的创作来自三位

赫西俄德

他的《神谱》吸收了不同的来源，有时会自相矛盾。比如，厄洛斯出生了两次：一次和地母盖亚一样，由混沌生出；另一次则变成了阿瑞斯和阿芙洛狄忒的孩子；为了呈现神话的不同版本，我们保留了前后不一的地方。

赫西俄德

112

悲剧作家：埃斯库罗斯、索福克勒斯
和欧里庇得斯。

其他古代资源

　　从公元前五世纪一直到罗马
时代末期，相关的资源数不胜数。
比如品达的《颂歌》、维吉尔的
《埃涅阿斯纪》（讲述埃涅阿
斯的漂泊与奋斗）、奥维德的《变
形记》。还有一些更科学化的著作，
比如帕萨尼亚斯的《希腊志》，记载游历希腊的种种
见闻，其中也包括神话。还有伪阿波罗多罗斯的《文库》
收录了当时流传的所有希腊神话。

狄俄尼索斯面具

现代作品

　　有些古代资源对于不懂原文又找不到译本的读者
来说，几乎无用。不过为数众多的神话词典可以帮助
我们，我最常用的是 PUF 出版的，由皮埃尔·格里马
尔编撰的《古希腊、罗马神话词典》。

　　还有很多学者致力于研究古希腊神话。近期最著
名的当属让－皮埃尔·韦尔南，他在《世界、神与人》
一书中生动地讲述了其中最动人的一些神话。

　　不过，光读书是不够的，还应该去博物馆、网站
欣赏以希腊神话为题材的古典或现代的雕塑、绘画。

悲剧

悲剧大多呈现英
雄徒劳对抗超自
然力的行动，结局
往往是英雄被命
运摧毁。剧作在狄
俄尼索斯节演出，
角逐戏剧大奖。演
员三名以上，常为
男性。演出时，演
员头戴面具（让声
音传得更远），脚
穿厚底靴（让自己
变得更高）。

图片来源

16 中：希罗多德时期的世界，见 W. 瓦格纳 1867 年著作《古希腊城邦与人民》。版权归属：AKG-Images
左上：巨蛇星座，1822 年，见 A. 詹米尔森《星象图》。版权归属：Bridgeman-Giraudon

17 上：希腊迈泰奥拉石林。版权归属：Corbis/Sygma/E.Decamp；
中：栎树林。版权归属 Corbis/F.Lane 图片公司 /D.Middleton；
下：西西里岛埃特纳火山。版权归属：Corbis/Sygma/A.Scigliano

26 左：波吕斐摩斯之头，公元前150 年；波士顿美术博物馆。版权归属：Bridgeman-Giraudon
下：巨人与神的战争，帕加马，公元前 165—156 年；柏林佩加蒙博物馆。版权归属：Corbis/

R.Vanni；

27 左上：彩虹，版权归属：Corbis/C.Aurness；
下：众神的聚会，约公元前 375 年；柏林 SMPK 古代文物展览馆。版权归属：Dist RMN/ 柏林 BPK/J.Liepe；
右上：鹰。版权归属：Corbis/R.Sanford

36 右：献祭猪肉，约公元前 500 年，艾比罗莫斯画师，巴黎卢浮宫。版权归属：RMN/Chuzeville 兄弟
下：祭祀用锤，公元前 7 世纪，巴黎卢浮宫。版权归属：RMN/H.Lewandowski
上：雅典卫城。版权归属：Corbis/S.Vanni

37 下：献祭场景，约公元前 500 年，巴黎卢浮宫。版权归属：AKG-Images/E.Lessing
右：浇祭，公元前 500 年，阿尔戈斯画师，巴黎卢浮宫。版权归属：RMN/H.Lewandowski

46 左：宙斯与变作奶牛的伊娥，赫尔墨斯杀死阿尔戈斯，公元前 500 年，维也纳艺术史博物馆。版权归属：AKG-Images/E.Lessing
右上：骑公牛的欧罗巴，公元前 400 年，维也纳艺术史博物馆。版权归属：AKG-Images/E.Lessing
下：海伦的出生，公元前 450 前，波坦察考古博物馆。版权归属：AKG-Images/A.Baguzzi

47 下：宙斯与赫拉，塞利侬特神庙，帕勒莫考古博物馆。版权归属：G.Dagli Orti
右上：宙斯化身为鹰抓走塔利亚，巴黎装饰艺术博物馆。版权归属：Corbis/G.Dagli Orti

56 左上：希腊战士的武器，公元前 500 年，巴黎卢浮宫。版权归属：RMN/H.Lewandowski
左下：化身为猫头鹰

的雅典娜，约公元前 500年，巴黎卢浮宫。版权归属：RMN/H.Lewandowski
右：雅典娜，公元前 480—323 年，巴黎卢浮宫。版权归属：RMN/H.Lewandowski

57 下：锻造间，公元前 500 年，拉·封德里画师，柏林 SMPK 古代文物展览馆。版权归属：Dist RMN/ 柏林 BPK/J.Liepe；
右上：织羊毛的女人们，公元前 500 年，柏林 SMPK 古代文物展览馆。版权归属：Dist RMN/ 柏林 BPK/J.Liepe；

68 右上：帕里斯的裁决，赫拉、雅典娜和赫尔墨斯，约公元前 525—500 年，维尔茨堡系列，巴黎卢浮宫。版权归属：RMN/H.Lewandowski
中：墨涅拉奥斯与帕里斯对战，公元前 500年，巴黎卢浮宫。版权归属：RMN/H.Lewandowski

69 上：阿芙洛狄忒的诞生，罗马国家博物馆，路德维希宝座雕塑。版权归属：Corbis/G.Dagli Orti
右：穿胫甲的年轻战士，约公元前515年，柏林 SMPK 古代文物展览馆。版权归属：Dist RMN/柏林 BPK/J.Liepe；

80 上：克吕泰墨斯特拉杀死卡桑德拉，公元前500年，费拉尔考古博物馆。版权归属：AKG-Images/Nimatallah
左：斯廷法利斯湖怪鸟（局部），滨海布洛涅博物馆，巴黎装饰艺术博物馆图书馆。版权归属：G.Dagli Orti
中：尤利西斯询问先知忒瑞西阿斯。公元前1世纪，巴黎卢浮宫。版权归属：RMN/H.Lewandowski

81 左上：德尔斐的阿波罗神庙，版权归属：Corbis/M.Nicholson
右 大橡树，版权归属Corbis/A.Cooper

90 左下：阅读书卷的缪斯，公元前500年，克鲁格曼画师，卢浮宫。版权归属：RMN/H.Lewandowski
中：帕尔纳斯山。版权归属：G.Dagli Orti
下：狄俄尼索斯和他的女祭司，公元前6世纪，亚美西斯画师，巴黎卢浮宫。版权归属：RMN/G.Blot
上：狄俄尼索斯与阿里阿德涅，公元2世纪末，巴黎卢浮宫。版权归属：RMN/DR

91 下：弹里拉琴的艺人，公元前6世纪，卢浮宫。版权归属：RMN/H.Lewandowski

100 左：珀耳塞福涅与哈迪斯，公元前500年，雷焦卡拉布里亚考古博物馆。版权归属：G.Dagli Orti
上：奥林匹斯山脚的麦田，希腊。版权归属：Corbis/Vanni Archive

101 上：矿场采陶土，柏林 SMPK 古代文物展览馆。版权归属：Dist RMN/柏林 BPK/J.Liepe
左下：采摘橄榄，约公元前500年，伦敦大英博物馆。版权归属：Bridgeman-Giraudon
右：赫淮斯托斯，公元前3世纪，梅塔蓬托古物陈列馆。版权归属：G.Dagli Orti

110 中：尤利西斯和塞壬，公元前500年，大英博物馆。版权归属：Corbis/W.Forman
右上：涅瑞伊得斯悲悼阿喀琉斯，公元前6世纪，达蒙画师，卢浮宫。版权归属：RMN/H.Lewandowski

111 左：波塞冬与马尔西亚斯，约公元前360年，巴黎卢浮宫。版权归属：G.Dagli Orti
右上：锚上的海豚，公元前2世纪，希腊德罗斯。版权归属：AKG-Images/E.Lessing

右下：斯库拉像，公元前5世纪，西梅拉古物陈列馆。版权归属：G.Dagli Orti

112 赫西俄德，罗马卡比托尔博物馆。版权归属：Bridgeman-Giraudon

113 狄俄尼索斯面具，公元前2-1世纪，卢浮宫。版权归属：RMN/H.Lewandowski